普通高校排球选项课学习评价指标体系构建研究

周子琳◎著

河海大学出版社
·南京·

图书在版编目(CIP)数据

普通高校排球选项课学习评价指标体系构建研究 /
周子琳著. -- 南京：河海大学出版社，2024.12.
ISBN 978-7-5630-9497-4

Ⅰ.G842.2

中国国家版本馆 CIP 数据核字第 2024FU6099 号

书　　名	普通高校排球选项课学习评价指标体系构建研究 PUTONG GAOXIAO PAIQIU XUANXIANGKE XUEXI PINGJIA ZHIBIAO TIXI GOUJIAN YANJIU
书　　号	ISBN 978-7-5630-9497-4
责任编辑	周　贤
特约校对	吕才娟
封面设计	张育智　吴晨迪
出版发行	河海大学出版社
地　　址	南京市西康路 1 号(邮编：210098)
网　　址	http://www.hhup.com
电　　话	(025)83737852(总编室) (025)83722833(营销部) (025)83787157(编辑室)
经　　销	江苏省新华发行集团有限公司
排　　版	南京布克文化发展有限公司
印　　刷	广东虎彩云印刷有限公司
开　　本	718 毫米×1000 毫米　1/16
印　　张	7.75
字　　数	142 千字
版　　次	2024 年 12 月第 1 版
印　　次	2024 年 12 月第 1 次印刷
定　　价	59.00 元

前言

本研究从普通高校排球选项课的实际出发,以排球选项课的学生为评价对象,立足《全国普通高等学校体育课程教学指导纲要》,针对排球项目特点和大学生身心特征,构建出一套属于排球选项课的学习评价指标体系。该指标体系将全面评价学生的排球学习过程与效果,为公共体育其他选项课学习评价提供理论支撑。排球选项课学习评价指标体系的构建有助于发挥学习评价的多种功能,促进其他体育项目学习评价指标的发展,提升教学质量,推动体育教育发展。通过权重数据分析,明确指标的重要性与指标间的差异,指导学生的学习方向,帮助教师确定教学重点,优化评价工作,提升学习效果与教学质量。此外,该指标体系能引导学生深入理解体育课程,明确自身的掌握程度与薄弱点,培养独立思考与自主锻炼的习惯,加强人际沟通与合作,塑造规则意识与体育品格,为学生全面发展奠定基础。

本研究运用文献资料法、专家访谈法、问卷调查法、德尔菲法、层次分析法、数理统计法等,构建普通高校排球选项课学习评价指标体系。研究得出以下结论:(1)在借鉴和分析过往研究成果的基础上,本书归纳了普通高校排球选项课学习评价的主要问题——评价体系针对性不足,过分聚焦于"教"而忽视"学"的成效评估,偏离了教学质量本质。因此,需优化评价体系,以便更好地服务于学生成长和实现高等教育的目标。(2)采用德尔菲法构建了普通高校排球选项课学习评价指标体系,包括2个一级指标、5个二级指标和37个三级指标,覆盖运动知识、运动技能、体质健康、运动参与、情意表现与交往合作五个方面。该体系关注学生的身体素质、基本技能及非智力因素,全面反映排球学习的多元表现。(3)运用层次分析法计算各指标权重,结果显示,考评成绩权重为0.694 2,平时成绩为0.305 8。二级指标(权重)依次为运动技能(0.384 8)、体质健康(0.196 8)、情意表现与合作交往(0.158 3)、运动参与(0.147 5)、运动知识

(0.112 6)。评价体系多元化,融合教师、学生互评及自评,结合定量与定性评价,科学客观地衡量学习成果,广泛适用于普通高校排球选项课教学。(4)实证研究表明,所构建的评价指标体系符合学生需求,具有较高实用价值。但本研究中,受调查对象、范围、时间及条件等因素制约,样本量有局限性。未来将持续优化完善,提升评价指标体系的操作性和应用价值。

  研究建议:(1)体育教师是教学核心,其技能与素养影响学习评价的科学性和公正性。鉴于评价指标体系设计的复杂性,教师应持续自我提升,以应对挑战。强化专业培训,提升业务能力与职业素养,是确保评价科学合理、过程完整的关键。构建完善的监督机制,引入多方监督力量,确保评价公平客观。学校应设督察小组或推行透明化评价,全方位监督检查,保障结果公正准确。(2)本研究为普通高校排球选项课构建了全面的评价指标体系,涵盖知识、技能、健康、参与、情意及合作等多个维度。教师应灵活调整评价内容与标准,以适应地区、学校及年级差异,促进教学质量提升。倡导多元评价主体参与,提升评价全面性与准确性。(3)体育教师是教学改革先锋,其专业素养提升对评价体系的完善至关重要。教师应紧跟时代,创新教学,推动评价多元化、方法多样化和主体广泛化。关注学生个性化需求与动态变化,以评价激发潜能,促进其全面发展。教师应加强引导与沟通,促进学生间有效互动,培养主动性与责任感,推动评价工作持续改进。(4)通过文献查阅与实地调研,本研究剖析了普通高校体育课程学习评价中的问题。尽管构建了科学的排球选项课学习评价指标体系并验证了其有效性,但受限于样本量,反馈信息可能存在偏差。未来研究应拓宽视野,进行更大规模、更深层次的实证探索,完善评价指标体系,增强其适用性与实践价值。实际操作中应结合学生的状况灵活调整评价策略,确保结果精准有效。

目录

第一章 绪论 ································· 001
 第一节 研究背景 ························· 002
  一、学校课程改革和教学改革的需要 ············ 002
  二、现代社会培养人才全面发展的需要 ············ 003
  三、体育课堂教学研究更加关注学生主体地位 ······ 004
  四、排球选项课自身发展亟待加强 ··············· 005
 第二节 研究目的 ························· 007
 第三节 研究意义 ························· 008
  一、理论意义 ······························· 008
  二、实践意义 ······························· 008

第二章 文献综述 ······························· 009
 第一节 相关概念界定 ······················· 010
  一、体育选项课 ····························· 010
  二、学习评价 ······························· 011
  三、体育学习评价 ··························· 012
  四、评价指标体系 ··························· 013
 第二节 国外相关研究 ······················· 014
  一、美国体育学习评价相关研究 ················ 014
  二、英国体育学习评价相关研究 ················ 016
  三、德国体育学习评价相关研究 ················ 018
  四、日本体育学习评价相关研究 ················ 020
  五、其他国家体育学习评价相关研究 ············ 022

第三节　国内相关研究 ………………………………………… 024
　　　一、关于学习评价的相关研究 …………………………………… 024
　　　二、关于体育学习评价的相关研究 ……………………………… 029
　　　三、关于高校体育学习评价的相关研究 ………………………… 044
　　　四、关于排球学习评价的相关研究 ……………………………… 055
　　第四节　研究述评 ………………………………………………… 063

第三章　研究对象与方法 …………………………………………… 065
　　第一节　研究对象 ………………………………………………… 066
　　第二节　研究方法 ………………………………………………… 066
　　　一、文献资料法 …………………………………………………… 066
　　　二、专家访谈法 …………………………………………………… 066
　　　三、问卷调查法 …………………………………………………… 067
　　　四、德尔菲法 ……………………………………………………… 067
　　　五、层次分析法 …………………………………………………… 068
　　　六、数理统计法 …………………………………………………… 068

第四章　普通高校排球选项课学习评价指标体系的构建 ………… 069
　　第一节　理论依据 ………………………………………………… 070
　　　一、人本主义学习理论 …………………………………………… 070
　　　二、建构主义学习理论 …………………………………………… 071
　　　三、多元智力理论 ………………………………………………… 073
　　　四、认知主义学习理论 …………………………………………… 074
　　第二节　指标体系构建原则 ……………………………………… 075
　　　一、全面性原则 …………………………………………………… 075
　　　二、系统性原则 …………………………………………………… 076
　　　三、科学性原则 …………………………………………………… 077
　　　四、客观性原则 …………………………………………………… 077
　　　五、方向性原则 …………………………………………………… 078
　　　六、可行性原则 …………………………………………………… 079
　　第三节　普通高校排球选项课学习评价指标体系构建过程 …… 080
　　　一、评价指标的选取 ……………………………………………… 080

二、评价指标的解读 ································· 080
　　三、评价指标的构建流程 ····························· 081
　　四、指标体系的确定 ································· 082
第四节　普通高校排球选项课学习评价指标权重的确立 ············ 084
　　一、评价指标权重的方法 ····························· 084
　　二、评价指标权重的配置过程 ························· 086
　　三、指标组合权重的计算 ····························· 087
第五节　小结 ·· 090

第五章　普通高校排球选项课学习评价指标体系实证研究 ·········· 093
第一节　评价主体 ·· 094
第二节　评价方法 ·· 095
第三节　评价内容 ·· 099
第四节　评价指标体系的实证研究 ·························· 100
第五节　新旧评价指标体系的对比 ·························· 102
第六节　小结 ·· 105

第六章　结论与建议 ······································ 107
第一节　结论 ·· 108
第二节　建议 ·· 109

参考文献 ·· 111

第一章

绪 论

第一节　研究背景

一、学校课程改革和教学改革的需要

在传统的考核评价体系中,选拔与筛选被置于核心地位,然而,这种评价方式已难以满足当前社会对"素质教育"和"终身体育"的期待。为了响应这一时代的呼声,1999年6月,《中共中央、国务院关于深化教育改革全面推进素质教育的决定》明确提出了全面推进素质教育的方针,并强调了"健康第一"的指导思想。这一决策不仅深刻地改变了人们对教育和体育的认知,更为后续的教育改革奠定了坚实基础[①]。2002年8月,教育部进一步明确了高校体育课程的性质和地位,通过颁发《全国普通高等学校体育课程教学指导纲要》(以下简称《纲要》),明确指出,体育课程是实施素质教育和培养全面发展人才的重要途径。在这一纲要中,课程评价被赋予了极其重要的地位,而学生的学习评价更是体育课程评价的核心组成部分[②]。

从这一系列的政策文件中,我们可以清晰地看到党和国家对大学生素质教育的高度重视。这也进一步印证了学生的学习评价在当前和未来的大学体育课程改革中将继续扮演重要的角色。在田振生等主编的《大学体育教程》中,学生的评价主要停留在体质健康的层面,包括身体形态、身体机能、身体素质和心理健康等多方面的评价[③]。这些评价不仅有助于大学生了解自身的身体健康状况,还能反映出他们锻炼的效果。然而,《纲要》中对于体育课程评价的要求更为全面和深入,它不仅关注学生的学习效果,还包括对教师的教学和课程建设等方面的评价。特别是学生的学习评价,它不仅是体育课程评价的重要环节,也是体育教学改革中的重要举措。如何构建一个能真实反映学生学习效果和过程的评价体系,如何培养学生的健康心理和增强其学习的内部动力,这些都是当前高校

[①] 孙科,杨帆,朱天宇,等.论中国式体育教育现代化[J].成都体育学院学报,2023,49(5):38-46.
[②] 汤攀,许大庆.高校公共体育一体化模式设计与实施策略[J].体育文化导刊,2019(6):70-75.
[③] 刘斌,成双凤.改革开放40年我国中小学体育教材建设的成就、问题与对策[J].课程·教材·教法,2018,38(9):29-35.

体育教学改革需要深入研究的课题。

《纲要》还明确提出了体育课程评价中学生的学习评价要围绕运动参与、运动技能、身体健康、心理健康和社会适应这五个领域的目标设置评价指标体系。然而,现有的教材中并没有具体说明某一运动项目的具体评价内容,更缺乏具体的评价标准。这使得在实际操作中,体育教师和学生们都面临着一定的困惑和挑战。因此,对于像健美操这样深受大众喜爱的运动项目,在设置评价内容和标准时,需要更具针对性、更具体化。这不仅有利于大学生的全面发展,也能为体育教师在实践中的操作提供更为明确的指导。

在政策导向方面,我国体育与健康课程的改革也呈现出由关注"教"到关注"学"的转变。从《面向21世纪教育振兴行动计划》的"以人为本"理念,到《中共中央、国务院关于深化教育改革全面推进素质教育的决定》中的教育观念和方法转变,再到《全日制义务教育普通高级中学体育(1~6年级)、体育与健康(7~12年级)课程标准(实验稿)》中"教学大纲"向"课程标准"的转变,都体现了这一趋势[1]。特别是《普通高中体育与健康课程标准(2017年版)》中提出的构建情景化的体育课堂教学模式,采用合作式、探究式等多种教学方法,更是突出了学生的主体地位,强调了以学习者为中心的体育课堂教学理念。这些政策和实践都表明,进入21世纪以来,我国基础教育体育课程已经明确推崇"以学生发展为核心"的教学理念,强调学习者在体育课堂中的主体地位。这种"以学习者为中心"的体育课堂教学不仅符合我国基础教育体育课程的政策导向,也符合其实践诉求。

二、现代社会培养人才全面发展的需要

在新时期体育强国发展政策的指引下,提升青少年身体素质和培养健康生活习惯成为学校体育教育的重要任务。近几年的国民体质监测公报显示,我国国民体质达标率较高,但成年人的超重和肥胖问题仍不容忽视。高校学生身体素质偏低,各种"游戏病""肥胖症"等不健康症状增多,体质状况下降的趋势亟待扭转。因此,教育部在相关体育文件中强调,学校教育应树立健康第一的指导思想,并将学校体育放在重要位置。随着社会的快速发展和竞争的日益加剧,体育课如果仅仅以传授技术技能为主,已远远不能适应社会对人才发展的要求。现代社会需要多样性的人才,评价应体现人才多元化的趋势。对于即将踏入社会

---

[1] 熊文.健康的追求与体育的坚守:学校体育"健康第一"的人文价值参照与审视[J].天津体育学院学报,2020,35(4):373-379+385.

的大学生来说，他们不仅要面对日益增大的就业压力，还要学会如何在工作中处理与同事、领导之间的关系。这就要求大学生具备一定的心理承受能力、团队合作精神和创新能力。

从终身体育的角度来看，大学体育是学生走向社会的最后一环，也是他们接受的"最后一节体育课"。上好大学体育课至关重要，而选项课则是学生根据自身兴趣和喜好自主选择的课程，为学生提供了丰富的专业教育资源。在选项课的学习中，学生不仅能够发展自己的兴趣爱好，丰富文化素养，还能促进身心健康发展。排球运动不仅能够锻炼身体，提高身体素质，还能够培养团队合作精神和竞争意识。在排球比赛中，每个队员都需要发挥自己的特长，密切配合，共同协作，才能够取得胜利。这种团队合作的精神可以在比赛中得到锻炼，然后在日常生活中应用。除了锻炼身体，排球运动还能够培养人的意志品质和心理素质。在比赛中，队员需要面对各种压力和挑战，需要保持冷静、沉着，充满自信，这些品质的培养对于个人的成长和发展也是非常重要的。

然而，传统的排球学生学习评价主要侧重于量化标准，并以此作为学生期末考试的评价依据。这种评价方式虽然减轻了教师的工作负担，但同时也限制了学生个性的自由发展，忽视了学生的情感需求，对学生学习排球的热情产生了负面影响。因此，完善普通高校排球选项课学习评价至关重要。这不仅能够推进学校体育改革，增强学生体质和体育素养，促进学生全面发展，提升教学质量，还能推动排球课程持续发展。因此，在综合评价的基础上，对评价标准不断改进与完善，以适应现代社会对人才的需求，成为现代教学评价的一大改革方向。

三、体育课堂教学研究更加关注学生主体地位

2017年的全国教育工作会议提出，应加速建立以学习者为中心的教学模式，深化基础教育的教学改革，并积极探索新课改理念下的多样化、高效实现方式。这一导向在基础体育教育与健康课程改革中得到了充分体现。季浏教授在构建中国健康体育课程模式时，着重强调要尊重学生的学习需求，激发学生对运动的热爱。他主张摒弃传统体育课堂中僵化的教学模式，如"军事课""纪律课""说教课""技术课"，转而以更合理、更具吸引力的教学内容、手段和方法，提升学生的学习效果[①]。

毛振明教授等则进一步指出，只有当学生在体育课上感受到快乐，他们才会

---

① 季浏.我国《普通高中体育与健康课程标准（2017年版）》解读[J].体育科学，2018,38(2):3-20.

真正对其产生兴趣[1]。因此,教师应采取合适的教学内容和方法,帮助学生体验体育运动的乐趣,从而激发他们更强的参与动机。胡小清等对 SPEM(Science, PE & Me,即科学、体育教育和自我)体育课程进行了深入的探索和实践。该课程创新性地将 5E 教学法融入体育课程,强调自主合作探究的教学方法。这种方法视学习者与内容、情境、经验、知识之间的互动为学习的核心要素[2]。此外,越来越多的研究者开始关注学生的需求。例如,党林秀在其博士论文《基于学生全面发展的体育教学方式理论与实践研究》中,就强调了"以学为中心"的教学方式,并坚持在体育课堂教学中突出学生的主体性。

综上所述,我国体育课堂教学研究正经历着显著的转变,即从过去主要关注体育教师的"教",逐渐转向重视学生的"学"。学生作为体育课堂的主体,其内在需求和学习动机应得到充分的尊重和激发。只有这样,我们才能更有效地提升学生的体质健康水平和体育课学业成绩。排球课堂教学研究正逐渐转向更加关注学生的主体地位。这一转变不仅体现了现代教育理念中对学生个体差异和主体性的重视,也反映了排球运动本身对学生全面发展的促进作用。

在传统的教学模式中,教师往往占据主导地位,学生往往只是被动地接受知识和技能。然而,随着教育理念的更新和教学方法的改进,排球课堂教学研究开始强调学生的主体地位,注重激发学生的学习兴趣和主动性。在这种新的教学理念下,排球课堂教学更加注重学生的个体差异和需求。教师会根据学生的实际情况,制定个性化的教学方案,让学生在积极参与和主动探索中掌握排球技能,提高身体素质。同时,教师还会注重培养学生的团队协作能力和竞争意识,让学生在排球运动中体验成功的喜悦,吸取挫折带来的教训。总之,排球课堂教学研究关注学生主体地位的转变,不仅有利于激发学生的学习兴趣和主动性,提高学生的综合素质,也有利于排球运动的普及和发展。

四、排球选项课自身发展亟待加强

排球课程作为体育教育的重要组成部分,其发展的必要性源于多个方面。首先,排球运动作为一项集体性、竞技性强的体育项目,具有独特的魅力和吸引力,能够激发学生的运动热情,培养学生的团队合作精神和竞技能力。因此,排

---

[1] 毛振明,张媛媛,叶玲.论运动乐趣在体育课堂中的迷失与回归[J].成都体育学院学报,2019,45(2):33-37+31-32+2.

[2] 胡小清,唐炎,陈昂,等.美国 SPEM 课程的特征及对我国小学体育教学的启示[J].体育学刊,2017,24(4):78-83.

球课程的发展对于提升学生的体育素养和综合素质具有重要意义。其次,排球课程的发展也符合现代教育理念的要求。现代教育强调学生的全面发展,注重培养学生的体育兴趣、运动技能和健康习惯。排球课程作为一种有效的体育教育形式,能够帮助学生掌握基本的排球技能和规则,提高学生的运动水平和竞技能力,同时也能够培养学生的团队协作精神和集体荣誉感[1]。此外,排球课程的发展还与社会需求密切相关。随着社会的不断发展,排球运动已经成为一项广受欢迎的体育运动,越来越多的人开始关注和参与排球运动。因此,排球课程的发展不仅能够满足社会的需求,也能够为培养更多的排球人才做出贡献。

为了推动排球课程更好的发展,我们需要不断探索和创新,完善课程体系,提高教学质量,培养更多优秀的排球人才,为我国的体育事业做出更大的贡献。排球作为普通高校体育教育中的重要课程之一,其学习评价指标的合理性直接关系到学生的学习积极性和教学质量。然而,当前普通高校排球课程学习评价指标存在一些问题,亟待完善。部分高校的排球课程学习评价指标过于注重技能考核,忽视了学生的个体差异。这种单一的评价方式不仅难以全面反映学生的学习成果,还可能打击学生的学习积极性[2]。同时,现有评价指标缺乏对学生学习态度和合作精神的考量,使得评价结果有些片面。

为了更好地适应现代教育理念和学生个性化发展的需求,普通高校排球课程学习评价指标亟待完善。具体而言,可以从以下几个方面进行改进。首先,增加对学生个体差异的考虑,制定更加灵活多样的评价指标,以便更好地反映学生的学习成果。其次,注重学生的学习态度和合作精神,将其纳入评价指标体系中,以激励学生积极参与课堂学习和团队合作。最后,制定指标时应加强与教师的沟通,注重教师的反馈,确保评价指标的科学性和公正性,从而提高排球课程的教学质量。

学习评价作为检验学生学习效果、指导课程和教师教育教学活动开展的重要手段,对于促进学生的发展和提高教师教学水平具有重要意义。因此,建立一个科学、系统、有效的排球课程学习评价指标体系,以提高课程质量、更新教学观念,是普通高校排球教学面临的时代命题,这不仅有助于提升学生的学习效果和综合素质,还有助于推动排球课程的健康发展。总之,普通高校排球课程学习评

---

[1] 张明,袁芳,梁志军.体教融合背景下高校排球课程思政理论与实践研究——女排精神融入排球普修课程的设计[J].北京体育大学学报,2021,44(9):156-165.

[2] 梁城铭,于丽曼.呼唤理性:体育课程与教学理性的缺失及其创设研究[J].南京体育学院学报(社会科学版),2017,31(3):113-117.

价指标的完善对于提高学生的学习积极性和教学质量具有重要意义。通过不断改进和完善评价指标,可以更好地满足学生的个性化需求,促进他们的全面发展,为培养高素质人才打下坚实基础。

第二节 研究目的

本研究从普通高校排球选项课的实际情况出发,以排球选项课的学生为评价对象,立足《纲要》,针对排球项目特点和大学生身心特征,构建出一套属于排球选项课的学习评价指标体系。具体如下:

(1)针对普通高校排球选项课学生学习评价现状,深入剖析现存的主要问题,如评价标准单一、忽视学生个体差异等。结合国家关于普通高校体育教育的政策与文件要求,并借鉴前人的研究成果,提出了一系列针对性的解决方案,旨在进一步完善现有的学习评价指标体系,确保评价更加公正、全面。

(2)为了改变传统的总结性评价模式,提倡采用科学、合理的多元化评价指标体系。这一体系不仅关注学生的排球基本技能,还注重其他方面。希望这一评价体系能够引导学生认识自我、建立自信,并激发他们内在的发展动力。

(3)致力于构建一套能够促进学生身心和谐发展的评价体系,这一体系应充分体现学校体育教学目标,并注重学生的非智力因素。同时,还将建立主体多元化的评价体系,充分发挥学生的主体作用,激发他们的学习积极性和主动性。期望通过这样的评价体系,能够改善和提高教师的教学效果以及学生的学习成效。

(4)为了验证多元化评价方法在普通高校网球和排球选项课学习评价中的实际效果,进行了实验研究。通过对学生学习成绩进行评定,分析这一方法是否激发了学生学习的主动性、积极性,判断其实施是否具有可行性。这一研究旨在为普通高校排球选项课学习评价的改革提供有力的参考依据。

第三节 研究意义

一、理论意义

学习评价在提升课程质量和学生学习效果中占据重要地位。然而,目前我国对于学习评价的研究主要聚焦于各类课程等大范畴内,对于具体运动项目的学习评价研究尚显不足,缺乏细化和具体的评价指标。本研究旨在结合我国体育学习评价的研究现状,并借鉴国内外先进经验,以《纲要》为指导,结合我国大学体育的实际需求,尝试构建一套以教育政策为指导、符合学校办学理念、满足学生意愿的、多元化的普通高校排球选项课学习成绩评价指标体系。这套指标体系将从多个维度全面评价学生的排球学习过程与效果,为深化对普通高校公共体育其他选项课学习评价的研究提供理论支撑和参考。

二、实践意义

(1) 丰富体育学习评价指标。构建普通高校排球选项课学习成绩评价指标体系,不仅有助于发挥学习评价的鉴定、导向、诊断和激励等功能,还能为其他体育项目学习评价指标体系的研究与发展提供参考。同时,通过拓展实践应用范畴,这套指标体系有望逐步提高排球选项课的教学质量,推动体育教育的持续发展。

(2) 指导学生学习和教师工作方向。普通高校排球选项课学习成绩评价指标体系的构建以学生为中心,符合体育学习评价的科学性、全面性要求。通过对学习评价指标权重数据的系统性分析,可以明确不同指标的重要性和差异性,从而指导排球选项课学生的学习方向,帮助教师确定教学工作的重点,并优化学习评价工作。这对于提升学生的学习效果和教师的教学质量具有实际意义。

(3) 促进学生全面发展。构建普通高校排球选项课学习成绩评价指标体系,有助于引导学生深入理解体育课程设置的意义,明确自身体育知识、排球技能的掌握程度与薄弱点。这不仅能培养学生独立思考和自觉锻炼的习惯,还能使他们加强人际沟通与合作,塑造学生的规则意识和体育品格,为学生的全面发展奠定坚实基础。

第二章

文献综述

第一节 相关概念界定

一、体育选项课

体育选项课是学校依据国家教育政策，结合"健康第一"和"以人为本"的指导思想，针对当代大学生的个人发展需求，以及学校自身的资源和师资条件，精心设计的体育课程。这些课程旨在为学生提供多样化的体育学习选择，以满足他们不同的兴趣和需求。众多国内学者对体育选项课给出了不同的定义。例如，史立峰等认为，体育选项课是一门旨在培养学生个性、发展特长、激发兴趣和提升身体素质的课程[1]。而朱建国则强调，体育选项课应把学生作为主体，关注他们的学习兴趣、态度、情感和行为等[2]。体育选项课程的改革，作为"以学生为中心"的新教育理念的体现，其诞生是必然趋势。然而，任何改革都难免遇到波折和困难。在体育选项课程改革的初期阶段，学生往往对各类运动项目充满好奇与热情。但随着教学活动的深入，教师可能面临教学方法、教学策略的改变以及上课方式调整等多重挑战。这些外部因素在无形中影响着学生的心理状态，会削弱他们参与学习与练习的积极性；而学生的学习态度，又直接与教学效果相关联。

因此，要推进体育选项课程的改革，关键在于促进体育教师的专业化发展。体育教师不仅是教学活动的开展者，更是课程改革的核心力量。他们需要在新的课程框架内，积极践行新的教育思想和教学理念，不断调整和完善自己的教学方法、手段和策略。只有这样，才能有效激发学生的参与热情，将他们对体育活动的初始兴趣转化为持久练习，为学生未来的终身体育活动奠定坚实基础。同时，教师的专业化发展也是提升教学质量、实现教育目标的重要途径。

基于上述研究，本研究将体育选项课定义为学校根据《纲要》和学生选课人数所开设的体育课程。在这些课程中，体育教师通过《大学生体育选项课教程》

---

[1] 史立峰,洪幼平.大学体育选项课发展前景的影响因素与分析[J].首都体育学院学报,2005(5): 104-106.

[2] 朱建国.论体育选项课教学理念与课程的可持续发展[J].山东体育学院学报,2006(1):118-120.

等相关教材指导学生进行体育学习。学生可以根据自己的兴趣爱好自主选择运动项目、任课教师和上课时间,从而进行个性化的体育学习体验。这样的课程设置不仅有助于培养学生的体育兴趣和技能,还能促进他们的身心健康和全面发展。

二、学习评价

"评价"一词,在中国古代文献中,意指对事物或人物进行深入判断与分析后所得出的结论。在顾明远主编的《教育大辞典》中,评价被定义为"对事物价值的判断"。我们还可以将"评价"理解为依据一定的标准、范围或参照点,对所收集的数据进行价值判断的活动。从更深层次的角度来看,评价是"评定价值"的简称,它意味着根据一定的标准,系统地收集信息,并将这些信息与预定的标准进行比较,以进行价值判断。这种判断活动本质上是对事物或人物价值的评估。而在西方,"评价"对应的英文词汇为 evaluate,意为"引出和阐发价值"。从 20 世纪 30 年代开始,许多国外学者[如泰勒(R. W. Tyler)等人]对评价的概念提出了各自的见解。直到 1981 年,美国教育评价标准委员会(Joint Committee on Standards for Educational Evaluation)给出了明确定义:"评价是对某些现象的价值(如优缺点)的系统调查。"

熊士荣等认为,评价是探究学习过程的重要环节,它对于促进学生的学习和发展具有不可替代的作用。在科学探究学习的背景下,学习目标的多元化要求建立一种能够全面、客观地评价学生学习成果的评价体系[①]。这一体系不仅要关注学生的知识与技能,还要注重过程与方法、情感态度与价值观的培养。在评价学生的科学成绩时,需要关注学生在科学探究过程中的表现,包括他们的思维能力、实践能力、合作能力等。同时,学校和教师也应承担起促进学生在科学方面进步的责任,为他们提供充分的探究机会和资源,帮助他们掌握科学知识和技能。在思考如何把科学教学的重心转移到探究上的同时,也需要探索如何使评价的重心从传统的分数评价转变为真实反映学生学习质量的评价。这需要建立起一种以过程为导向的评价体系,注重学生在探究过程中的表现和发展,而不是仅仅关注他们的最终成果。朱叶秋认为,应当系统地收集证据,以判断学生个体在学习过程中是否发生了变化以及变化的程度,这包括对学生认知、情感和技能

[①] 熊士荣,吴鑫德,肖小明,等.科学探究学习评价体系的研究[J].课程·教材·教法,2006(3):82-86.

活动的评估[①]。而肖龙等则从更广泛的角度指出,学习评价是评价主体依据一定的教育目标,确定学科课程的具体标准,并通过测验、测量等多种方法,对学生的学习情况进行系统分析和综合判断,最终对学习者形成价值判断的过程[②]。

综上所述,"学习评价"是对学生在学习过程中的行为、表现以及学习结果的系统评估。这一评估过程依据一定的标准,采用多种手段,旨在确定学生接受教学后发生的行为变化。学习评价的对象包括学习过程和学习结果,它不仅有助于教师调整教学计划和改善教学手段,还能帮助学生认识到自己的长处和不足,从而及时调整学习方法,进一步提高学习成绩。

三、体育学习评价

课程评价是一个广泛的定义,涵盖了学习评价、教学评价和课程建设评价等多个方面。在这些组成部分中,学习评价尤为关键,因为它直接关系到学生的学习效果。学习评价的对象清晰明确,即学生的学习情况,而评价的主体则可能包括教师、学生、学校管理层和家长等不同角色。这种评价的核心目的在于检查学生的学习成果,进而验证课程目标的实现程度。在"学习评价"的框架下,"体育学习评价"作为一个特定的概念,具有其独特的意义。

不同的学者对此有不同的看法。例如,汪晓赞教授等在《中小学体育新课程学习评价》一书中,将体育学习评价视为高校体育教学评价的重要组成部分[③]。他们认为,体育学习评价是基于明确的评估标准,运用多样化的评价方式,收集并整理相关信息数据,对学生的体育学习过程及其结果进行深入的判断和分析。这种评价不仅有助于优化教师的教学方式,更能促进学生的全面发展。于可红等在《体育与健康课程学习评价指标体系研究》一书中,提出了另一种观点。他们认为,体育学习评价是对学生作为评价客体的学习效果进行价值评判的过程。这种评判基于教学目标,并包含两个维度:一是学生在知识、能力、技能技巧等方面是否达到了预设的标准和要求;二是学生在实践层面上是否展现出了未来的学习潜能[④]。

对于体育教学过程而言,体育学习评价既是教学过程的结束,也是开始。它

[①] 朱叶秋."翻转课堂"中批判性思维培养的PBL模式构建[J].高教探索,2016(1):89-94.
[②] 肖龙,涂艳国.基础教育教学改革的推进现状与逻辑主旨——基于第二届国家级教学成果奖的分析[J].教育理论与实践,2019,39(8):47-50.
[③] 汪晓赞,季浏.中小学体育新课程学习评价[M].上海:华东师范大学出版社,2007.
[④] 于可红,等.体育与健康课程学习评价指标体系研究[M].杭州:浙江大学出版社,2013.

既能实现鉴定、筛选、监管、检查等多种功能,又能起到反馈和交流、引导和激励等作用。因此,体育学习评价能够清晰地将学生的成绩与标准进行对比,促使学生向着成功的标准迈进。基于此,体育学习评价可被定义为评价者运用特定的工具或方法,收集关于学生体育学习效果的相关数据,对学生在体育教育过程中所获得的体能、运动技能、认知、学习态度与行为、交往与合作精神、情意表现等方面进行的全面评价。这种评价的目的是全面了解学生在体育学习中的表现和成就,并通过评价反馈来指导和调整教学及学生的学习过程,从而促进学生的全面发展。

四、评价指标体系

指标,作为一定时间和条件下反映社会现象规格、程度和结构的数值,是评价研究的前提和基础。评价研究通过对各个指标的实际观察或测量获取信息,使得目标的特征得以反映,从而使评价目标变得可操作。指标的特征包括含义明确、定性与定量相结合、内容简单明了、概括性和综合性强以及将理论与实践相结合等。张洪振等在《我国高水平竞技健美操运动员体能特征》中指出,指标选取的公正客观性是全面呈现运动员体能要素的关键所在。为了选择出能简单易行地体现体能特征的指标,必须充分考虑竞赛规则的具体要求[1]。王琳琳在《对排球运动员身体形态选材指标的分析》中指出,所选择的测量指标能否达到测量的目的是测量指标是否有效的关键所在。指标的有效性包括内容有效性和结构有效性,内容有效性是指指标是否符合运动对身体形态的要求,结构有效性是指指标能否全面地反映运动对身体形态的要求[2]。综上所述,指标是进行预测或评价研究的前提和基础。它将抽象的研究对象按照其本质属性和特征的某一方面进行标识分解,成为具象化、可操作化的内容,将复杂主观的工作简单化。

评价是指判断人、事物等的价值。根据特定的价值标准,以所获取的资料作为参照依据,判断评价对象的质量。评价按照评价范围可分为整体性评价、局部性评价和单项性评价,按照评价标准的参照体系可分为相对评价、绝对评价、个体内差异评价。周登嵩在《学校体育学》中提及,"评价"是一个使用范围宽广、使用频率极高的词,它衡量着人物或事物的价值,没有评价,就没有生活,就没有一切。评价指标、评价权重和评价模型三个子系统构成了评价系统。在指标选择

---

[1] 张洪振,金逯,陈文新.我国高水平竞技健美操运动员体能特征[J].北京体育大学学报,2009,32(12):133-136.

[2] 王琳琳.对排球运动员身体形态选材指标的分析[J].内江科技,2009,30(5):146.

与权重的确立上，一般使用德尔菲法一级层次分析法。通过对这些指标的科学选择，可以更准确地了解裁判员的执裁能力，为选拔和培养优秀的裁判员提供有力的依据①。

本研究提出的"评价指标体系"，是在特定教学环境和时间框架内，为了全面评估学生在排球课程中的学习成效和表现水平，而精心构建的一套系统性指标集合。这些指标不仅涵盖了学生在技术动作等多个方面的表现，还充分考虑了学生在课程学习过程中的态度、参与度和合作精神等非技术性要素。通过这一综合性、客观性的评价工具，希望能够更加准确地衡量学生在排球课程中的学习进度和能力提升情况，从而为教学提供有力的反馈和指导。

第二节　国外相关研究

一、美国体育学习评价相关研究

在深入批判评价领域的基础上，美国知名评价专家古巴和林肯对教育评价的发展进行了详尽的梳理，将其历史阶段精准地划分为四段：测验和测量时期、描述时期、判断时期，以及心理建构时期。这一划分不仅体现了教育评价的不断进步，更揭示了其逐步深化的内在逻辑。教育评价这一领域深深植根于对课程改革运动的深度反思之中。特别是在20世纪80年代初，随着教育评价理论的日益成熟，它步入了心理建构时期，并在不断的探索和实践中逐步发展。这一阶段的核心理念在于"共同建构、全面参与"，旨在通过多方参与和共同协商，使教育评价更加科学、公正和有效。我国学者李国庆在深入研究美国学习评价发展历程后指出，教育评价理论的诞生，实则拥有学业考核改革这一导火索②。同时，布卢姆教育评价理论对泰勒理论的质疑和批判，不仅加速了教育评价的专业化进程，更引领了教育评价发展的新方向。另外，质性评价方法的出现，使得评价从单一的量化评定向更为全面、深入的范式转向，进一步丰富了教育评价的内

---

① 王姣姣.我国竞技健美操裁判员选派评价指标体系的研究[D].北京：北京体育大学，2015.
② 李国庆.从评价到评定：美国基础教育课程评估的转向[J].辽宁教育研究，2006(3)：82-85.

涵和形式。

自20世纪80年代起,教育评价的理论研究在四代理论的基础上,又涌现出许多新的发展趋势。这其中包括对质性评价的重视、对过程性评价的强调以及对评价情境真实性的追求等。同时,诸如苏格拉底研讨评价、档案袋评价、表现展示评价等新的评价方式也应运而生,形成了一个全新的表现性评价体系。这些新的发展趋势和评价方式,不仅为教育评价注入了新的活力,也为教育实践提供了更为科学、有效的指导。然而,课程设计往往会过于关注教学内容的组织和呈现,以及学习策略的引导,而忽略了对学生学习过程的评价。因此,我们在进行课程设计的同时,要充分考虑学习过程评价的设计。具体来说,可以将学习过程评价按模块进行适当分解,并将其贯穿于课程的各个阶段之中。同时,结合学生的学习日志或学习记录档案袋,可以更加全面、深入地了解学生的学习情况,并及时为他们提供必要的诊断、评估、反馈和修正。这样的教学、学习和评价一体化设计,不仅能够真正关注学生的学习过程,还能更好地发挥学习评价在诊断、监控和反馈中的作用,从而促进学生的全面发展。

美国体育与健康课程学习评价的研究历程丰富且深入。在过去的三十年里,美国针对其教育环境定制了三版国家体育与健康课程标准,这些标准分别于1995年、2004年和2013年修订。在评价学生体育学习方面,美国积累了丰富的经验,值得我们深入探索和学习。首先,从评价目标的角度来看,美国体育与健康课程学习评价旨在提高教师的教学效率,同时鼓励学生积极学习,而非仅仅对学生进行等级评定。多位研究者(如Mullender等)指出,评价的目标应着重于提供有效反馈、激励学生、帮助学生树立自信,并促进他们的全面发展[1]。其次,在评价主体方面,美国强调多元化评价,鼓励学生自我评价、同伴参与评价以及教师参与评价,以全面了解学生的学习情况。季浏等研究者进一步指出,美国体育与健康课程学习评价鼓励学生、班主任和家长创造性地合作,共同参与评价过程[2]。这种评价方式不仅有利于教师对学生进行有效指导与帮助,同时也让家长能够参与孩子的学习过程,为评价提供宝贵的参考依据。在评价内容方面,美国体育与健康课程学习评价涵盖了健康概念知识、独立锻炼身体的能力水平、身体活动、健康测试、健康技能应用、体育努力程度和进步等多个方面。其中,体育

---

[1] MULLENDER-WIJNSMA M J, HARTMAN E, DE GREEFF J W, et al. Improving academic performance of school-age children by physical activity in the classroom: 1-year program evaluation[J]. Journal of School Health, 2015(85): 365-371.

[2] 季浏,尹志华,董翠香. 国际体育与健康课程标准解读[M]. 上海:华东师范大学出版社,2018.

努力程度和进步等方面占据了较大比重,显示出美国对学生自身努力和学习态度的重视。健康测试、运动技能表现和运动健康等方面的评价可以帮助体育教师更好地了解学生在体育课堂上的活动情况。在评价方法上,美国强调对学生进行个体评价和过程评价,反对使用统一的评价标准。季浏等研究者介绍了美国常用的学习评价工具,如检查表、等级评分表以及表现性标准,并强调了信息技术在体育教学和评价中的辅助功能[1]。这种评价方法注重个体差异和过程,有助于更准确地评估学生的学习情况。

综上所述,美国体育与健康课程学习评价的研究内容全面且深入,评价目标、主体、内容和方法均值得我们借鉴和学习。我们应该从美国的经验中汲取营养,不断完善和优化我国的体育与健康课程学习评价指标体系。

二、英国体育学习评价相关研究

Mary 在 1997 年的研究中深入剖析了英国学校体育的三种核心评价类型[2]。第一,优化学习评价。这一形成性评价方式贯穿学生的整个学习过程,其核心在于学生的自我展现。第二,班级评估。它侧重于以班级为单位对学生的整体表现进行评价。第三,国家层面的课程学习评价,与班级评估共同构成了总结性评价的框架,用于检测学生在阶段性学习中的达标情况。这一评价体系的显著特点在于其在体育教学中的实际应用,它通过提供与学生学习成绩密切相关的数据和信息,鼓励学生通过自我评价或同伴评价来明确自己的职责和目标,评估技能掌握情况,进而学会自主学习,达成锻炼身体的目标,享受健康而充实的生活。

进入 2000 年,英国政府颁布了体育课程国家标准,旨在全面提升学生的运动技能,并强调学校体育在学生全面发展中的核心地位。在这一体系中,教师担任着指导者的角色,而学生则通过自评和互评的方式参与评价过程,这一模式充分体现了以学生为主体的教育理念,致力于培养学生的学习和思考能力。随后,英国体育教育协会根据教育部制定的《学校课程评价原则》,制定了《基于标准的体育课程学习评价指南》,该指南以 ks1、ks2、ks3、ks4 四个关键阶段的获得性目标为基准,确保了评价内容的科学性和合理性[3]。这一指南不仅强调对学生的

---

[1] 季浏,尹志华,董翠香.国际体育与健康课程标准解读[M].上海:华东师范大学出版社,2018.
[2] KIRK M F. Using portfolios to enhance student learning & assessment[J]. Journal of Physical Education, Recreation & Dance,1997,68(7):29-33.
[3] 尹志华,孙铭珠,汪晓赞.核心素养视域下发达国家体育课程标准比较与发展趋势分析[J].天津体育学院学报,2020,35(6):626-632.

支持和鼓励,以增强他们的自信心,还注重将学生的学习成绩和评价进展及时反馈给家长。通过教师评价、学生自评、同伴评价等多种方式,全面而客观地分析学生的健康、情感、成绩等多个方面的发展情况。

英国学者进一步指出,在教学过程中,应加强对体育学习的评价,将学生的努力程度和个体能力相结合,以进步水平作为衡量标准,而非单一的运动技术表现。在英国,体育学习评价不仅能够反映学生的学业水平,更侧重于其激发和引导作用。通过对每个学生的学习过程进行评价和引导,帮助他们学会思考和学习。英国的学习评价始终伴随着学生的课程学习,注重学生的自我评估,鼓励学生设定自己的学习目标,了解自己的学习状况,并尽最大努力达成这些目标。此外,英国的学习评价内容涵盖了课堂表现和考试成绩两个方面,采用了主观评价与客观评价相结合的方式。同时,评价主体也呈现出多元化的趋势,不再仅仅以教师为中心,而是鼓励学生积极参与其中,共同推动评价体系的完善和发展。目前对英国体育学习评价的相关研究主要包括以下四个方面。

(1) 关于评价目标的探究。Evans 在深入体育教学领域的研究中指出:"在体育教学实施过程中,教师应坚决避免对学生进行横向比较,而应专注于学生是否取得显著进步,并以此作为评价和奖励学生的主要依据,而非仅仅依据运动成绩的高低。"[1]这一评价观念转变了传统的教学评价模式,强调了个体发展的差异性和过程性。后期他又补充说:"在对学生实施教学评价的过程中,教师还应协助学生设定个人进步目标,使他们在每次参与体育活动时都能感受到成长的喜悦和成就感。"他还强调:"作为教学的引导者,教师在教学过程中应引导学生努力实现目标,进行自我评估,从而学会监控自己的进步,更加了解自己的学业情况与成长轨迹,最终达到提升个人能力的目的。"

(2) 关于评价内容的系统性。季浏介绍了英国国家体育学习评价的内容。英国国家体育学习评价以《基于标准的体育课程学习评价指南》中的获得性目标(ks1~ks4)为主要依据,整合了四个关键阶段的获得性目标,并制定了各阶段的体育学习评价内容。以第一个关键阶段(ks1)为例,其获得性目标包括发展基本活动技能,逐步增强运动能力和信心,发展灵敏、平衡、协调与社会交往能力等,评价内容则围绕这些目标展开,旨在促进学生的全面发展[2]。

(3) 关于评价方法的创新性。在评价方法方面,季浏的研究同样给出了丰

---

[1] EVANS J, DAVIES B, PENNEY D. Teachers, teaching and the social construction of gender relations [J]. Sport, Education and Society, 2006, 1(2): 165-183.

[2] 季浏,尹志华,董翠香. 国际体育与健康课程标准解读[M]. 上海: 华东师范大学出版社, 2018.

富的介绍。除了常规的定量、定性评价和过程性、总结性评价外,英国国家体育学习评价方法还包括移动技术、学生日志、图片证据等直观性较强的评价方法。这些方法的运用不仅丰富了评价手段,还提高了评价的准确性和有效性。同时,也体现了信息时代背景下,体育学习评价方法的创新与发展[①]。

（4）关于评价主体的多元性。季浏等主编的《国际体育与健康课程标准解读》一书,详细阐述了英国体育与健康课程标准在评价主体方面的创新之处。它注重以学生为主体,结合同伴评价、自我评价、全班讨论以及教师评价,形成了一个多元化的评价体系。这种评价体系不仅提高了学生的参与度和自我认知水平,还加强了师生、生生之间的互动与交流。同时,学校还定期向家长反馈学生的学习情况,让家长也能参与孩子的成长评价[②]。

综上所述,相关学者对英国国家体育课程学习评价方面的研究涉及评价目标、内容、方法和主体等多个方面。这些研究为我们提供了宝贵的经验和启示,有助于我们更好地理解和应用体育学习评价的理论与实践。

三、德国体育学习评价相关研究

德国在推进评价方法改革时,其核心理念显得尤为突出。首先,为了营造一个更为积极、充满动力的学习环境,德国教育界着重改善学习气氛,确保每一位学生都能在学习中找到乐趣,从而极大地提升他们的学习自信心。其次,学生自我评价被纳入评价体系中,这不仅使学生对自己的学习成果和过程有更为清晰的认知,还促使他们更加主动地参与学习。最后,德国的评价方法充分考虑到校内与校外两个维度,力求为学生提供一个全方位、多角度的评价视角。这样,学生的真实能力和潜力得以更为全面地展现。同时,体育教学在德国教育体系中占有重要地位,其过程绩效更是受到格外的关注,这有助于学生形成健康的体魄和积极的生活态度。

在考核方式上,德国教育界坚持平时考核与期末考核并重,确保学生的每一分努力都能得到应有的回报。而学生的参与度和表现,也被纳入评价内容之中,成为评价学生综合素质的重要依据。此外,德国教育评价理念还特别强调学生自我评价的重要性,鼓励学生不仅关注自己的期末成绩,更要关注平时的学习过程和成果。德国教育界还坚持校内与校外评价相结合,为学生营造了一个更为广阔、真实的评价环境。在评估学生的体育成绩时,德国教育界更是采用了绝对

[①②] 季浏,尹志华,董翠香.国际体育与健康课程标准解读[M].上海:华东师范大学出版社,2018.

和相对评价相结合的方式,以社会标准作为评价的基准,并根据学生的进步或退步情况进行适当的调整。这种评价方式既公平又公正,能够真实反映学生的体育成绩和能力水平。

德国在体育课程学习评价方面的研究,为我们提供了丰富的视角和深刻的见解。在目标研究方面,德国学者强调,小学阶段是学生学习兴趣培养的关键时刻,体育教师的目标不仅在于教授运动技能,更重要的是通过教学使学生真正热爱运动,并鼓励他们主动参与团队合作,而非以僵化的评价标准来限制学生的成长[1]。季浏等在《国际体育与健康课程标准解读》一书中指出,德国萨克森州的体育与健康课程标准的评价目标聚焦于"判断学生情况并评定成绩、反馈并激励学生进步、挖掘学生潜力",这一理念旨在全面促进学生的发展[2]。

在评价主体的研究上,季浏同样指出,德国萨克森州的体育与健康课程标准不仅关注教师的评价,更强调学生在运动过程中和运动结束后对自我表现的客观评估,以及对他人表现的尊重。潘华的研究也进一步证实了这一点,他提到德国体育教学评价包括教师评价、学生自我评价和学生互评,这种多元化的评价方式更能全面地反映学生的学习情况[3]。

在评价内容方面,德国萨克森州的体育与健康课程评价涵盖了基本知识与技能、社会参与和个人表现三个方面。这一评价内容的设计旨在全面评估学生的体育学习成果,从知识、技能到情感、态度等多个维度进行考量。

至于评价观念与方法,潘华指出,德国体育教学评价在观念上独具特色。首先,它提倡过程性评价与总结性评价相结合,特别重视过程性评价,以更好地了解学生的学习过程和发展轨迹。其次,它关注学生的体育学习进步幅度,鼓励学生通过努力取得进步。最后,德国体育教学评价的工具和方法丰富多样,既有传统的纸笔测试、技术技能测验、健康测试,也有教师观察、口头测验、日志记录、讨论交流、角色扮演以及学生档案等[4]。这种主客观相结合的评价方式使得体育教学评价更加客观、全面和科学。

综上所述,德国在体育课程学习评价方面确实有其独特之处。德国体育教学评价之优点,不仅体现在其严谨的评价标准上,更在于其丰富的评价手段与多元的评价内容。首先,体育教学评价正逐步从传统的总结性评价转向过程性评价与总结性评价的有机结合,这种转变突出了过程性评价的重要性,使评价更加

---

[1] 汪晓赞. 我国中小学体育学习评价改革的研究[D]. 上海:华东师范大学,2005.
[2] 季浏,尹志华,董翠香. 国际体育与健康课程标准解读[M]. 上海:华东师范大学出版社,2018.
[3][4] 潘华. 中德两国中小学体育教学的比较[J]. 体育学刊,2007(3):73-76.

关注学生在学习过程中的成长与变化。其次,体育教学评价高度重视个体评价,即以学生个人的进步程度为基准,衡量其体育学习的成效。这种评价方式将学生的个体差异作为评价的核心,使得体育教学评价更加人性化、公正化。再次,体育教学评价的方法日趋多样化,形成了多元化的评价体系。在这个体系中,不仅有教师的专业评价,还有学生的自我评价和同伴之间的互评。同时,评价工具与方法也呈现多样化的特点,从传统的纸笔测试、技术技能测验、健康测试,到教师观察、口头测验、日志记录、讨论交流、角色扮演以及学生档案等,这些工具与方法的运用使得评价更加全面、细致。最后,体育教学评价的内容也日趋多元化,涵盖了基本知识与技能、社会参与和个人表现三个维度。这种评价方式打破了传统单一的技术技能考评或健康测验的局限,更加注重对学生情感态度的评价,体现了对学生全面发展的关注。这些经验和做法值得我们借鉴和学习。

四、日本体育学习评价相关研究

受美国教学评价思想的深远影响,日本自大正至昭和年间,广泛采纳了以相对评价为基础的评分体系,以全面评估学生的学业表现。进入20世纪70年代,日本教育界出现了显著转变,从过去以学科为中心的教学模式,逐渐转向以身体素质发展为教学重点。体育学习的评估虽然仍保留了一定的总结性评价,但已开始深入关注学生的知识积累、技能掌握和态度形成等多个维度。自20世纪80年代第三次课程改革以来,日本的体育学习评价体系经历了深刻的变革。这次改革以三个核心理念为基石:强调个性发展、推动终身学习体系的建立,以及适应时代的快速变化。基于这些观点,日本教育界形成了一种全新的学力观,不再单纯追求科学知识的记忆,而是将重心转移至培养学生的判断、尝试和表现的素质与能力。在学校体育领域,这种新的学力观得到了充分体现[1]。"快乐体育"和"终身体育"成为体育教学的重要目标,学生的个性与能力发展以及自我教育能力的提升被置于重要位置。此外,教育内容和必修课程的范围也得到了扩充,为学生提供了更为广泛的学习选择。

进入20世纪90年代,面对"宽松教育"导致学生学力下降的问题,日本文部省基于体育教学大纲,提出了三点建议。首先,根据新课程指导纲要确立新的学力观,重新审视教育的实践功能。其次,提倡对学生个体进行积极评价,以增加

---

[1] 屈东华,周艳丽,周珂. 中、日、美学生体育学习评价体系的比较研究[J]. 浙江体育科学,2001(6):53-55+59.

他们的学习热情和动力。最后，精选体育教学内容，同时注重缩短学习内容的保存期限，以保持内容的时效性和实用性[①]。以此为契机，日本对原有的体育学习评价模式进行了革新，将诊断性评价、形成性评价与总结性评价相结合，以便更全面地反映学生的学习情况。诊断性评价作为一种事前评价，其实质是在教学目标设定之后，教学活动正式启动之前，对学生的已有学习状态进行深入摸底。这一过程通常由前提条件测验和事前测验构成，旨在全面了解学生的学习能力基础、对即将学习的新知识的掌握情况，从而确保教学活动的有效性与针对性。通过这种评价，教师能够清晰地掌握学生的学习经验、兴趣、积极性以及理解程度，为后续的教学提供有力的参考。形成性评价则是一种贯穿于教学过程之中的事中评价或中途评价。在按照教学目标完成一段时间的教学后，如单元教学过半，教师会采用此评价方式来检验教学效果，确保教学目标的达成。通过形成性评价，教师能够及时发现学生的学习难点，为尚未理解教学内容的学生提供补习机会，并为已理解的学生提出深化、提高和扩大的学习目标。这种评价方式不仅有助于教师调整教学策略，更能促进学生的个性化学习与发展。总结性评价是一个教学周期结束后所进行的事后检查或事后评价。它是对特定单元或特定时期教学目标的完成情况进行的全面总结。通过总结性评价，教师能够了解学生对重要内容的掌握情况，为未掌握学习内容的学生提供辅导与改进的机会，同时为已掌握全部内容的学生指明下一阶段的学习方向。总结性评价在改善教学质量、提升学生学习效果方面发挥着不可替代的作用。

经过课程改革，日本的体育学习评价采用了更为全面和细致的标准评分记录体系。评价内容涵盖了关心、意欲、态度、思考、判断、技能、表现以及知识、理解等方面，每个方面又分为充分满足、大致满足、经过努力可以满足三个等级。评价方式包括"评定"和"所见"两个方面，前者是对学生学习成绩的量化评定，后者则主要记录学生的良好表现和优点。值得一提的是，在评价过程中，日本教师非常注重全体学生的积极评价，并强调情感领域目标的实现。在这些评价内容中，"关心、意欲、态度"被赋予了极高的权重，主观评价在评价体系中占有重要地位。

此外，日本的体育学习评价改革还表现出由总结性评价向诊断性评价转移的趋势。评价不再仅仅局限于考试和评分，而是更多地被用于鼓励学习、调节教学进程。评价目标趋向具体化和可操作化，如将"提高心肺功能"的学习目标具

[①] 张德伟.日本中小学教学与评价一体化原则及其对我国的启示[J].外国教育研究,2005(2)：29-33.

体化为10分钟内跑完2 000米,并限定跑完后3~5分钟内的心率恢复率。对于学习态度的评价,则主要通过课上观察和各种测量量表来实现。此外,日本采用了多元化的评价方式,包括教师评价、学生相互评价和自我评价。评价形式也多种多样,包括口头评价、观察、测定、考试等。此外,日本对体力测试成绩的处理方式也颇具特色。他们并不将体力测试成绩计入体育成绩,而是将其作为学生了解自己体力发展水平的参考。每年全国性的体力测试从4月份的第一个星期开始,测试数据可以进行全国或地区性比较,帮助学生了解自己的强项和弱项,从而确定努力方向。

进入21世纪,日本教育界提出了"扎实的学力观"这一理念,并在《初中学习指导要领》中明确指出,应积极评价学生的优点,改进教师的教学方法,提高学生的学习积极性,并重视学生的素质与能力。在武道课程评价中,日本不仅注重评价措施的规范性和系统性,还致力于使学生的学习成果能够跨越年级和学校的界限,为其终身学习奠定坚实基础。此外,日本还主张对学生的个性、自我教育能力以及对社会变迁的反应能力等进行正面评价,更加注重学生的学习态度、进步度和目标达成度等。

五、其他国家体育学习评价相关研究

韩国早期的体育学习评价体系以总结性评价为主导,然而,随着课程改革的深入,专家们对这种评价方式提出了诸多批评。为了弥补原有评价体系的不足,遂行评价逐渐崭露头角,韩国教育部门巧妙地设计了"学校生活记录簿",用以全面、客观地记录学生在体育学习中的多方面表现。这一记录簿不仅涵盖了小组任务报告、互评、自评等内容,而且鼓励学生从多个角度审视自己的进步与不足,通过结合过程性与总结性评价,促进学生的全面发展。改革后的评价体系旨在打破传统评价的局限,为学生提供更加全面、客观的评价,进而推动他们的体育学习和个人成长。韩国的遂行评价侧重于"诊断"学生在体育学习过程中的表现。这种评价方式强调促进个体学习体育的内在动力,重视综合地评价学生的身心发展,始终关注学生运动能力的发展变化情况。它重视评价个人身心健康和运动能力的变化,是一种全面且不断发展的评价方法[①]。这种评价方式符合韩国人性教育及开放式的体育教育要求,鼓励学生自我展示、自我提升。与传统

---

① 杨传彬.吉林省普通高校体育课学生学习成绩评价指标体系的研究[D].长春:东北师范大学,2006.

的评价方式相比,遂行评价鼓励学生主动展示自己的学习成果,而非简单地通过选择题来检验。它更加注重学生在体育学习过程中的努力和付出,以及对学生身体、心理和运动能力的全面评估。这种评价方式体现了全面、持续、符合人性教育的理念,为体育教育注入了新的活力。

在法国教育系统中,学习评价被赋予了独特而亲切的称谓——"持续检查"或"学生手册"。这一机制从小学一年级开始贯穿学生学习生涯的始终,成为学生体育学习道路上的忠实伴侣。教师们用细致入微的观察力,记录下学生在体育课堂上的每一个动作、每一次努力,以及他们在团队合作中的表现和个人素质的提升。这些详尽的记录被精心整理,编入学生手册,并定期与家长分享,让家长更全面地了解孩子的体育学习情况。这种评价方式并非简单的成绩汇报,它更多地体现了形成性和建设性的特点。它不仅为学生提供了体育进步的参照,更在无形中激励着他们追求卓越、超越自我。评价内容不仅局限于体育知识和技能的掌握,更涵盖了学生的个人素质、团队协作能力以及创新精神等多个方面。这种全方位、多维度的评价模式,使得学生的学习成果得到了更为真实、有效的展现[①]。

法国学校对体育学习评价的探索并未止步于此。他们更加关注评价主体的多元化和评价过程的互动性。学生、教师、家长共同参与评价过程,形成了一个"四位一体"的评价模式[②]。这种评价模式不仅增强了学生的参与感和归属感,也促进了家长与学校之间的沟通与协作。在评价过程中,法国学校还广泛采用"持续检查(学生手册)"这一工具。通过对学生体育综合能力的持续观察和记录,教师能够更准确地把握学生的学习情况和进步幅度,为学生提供更有针对性的指导和帮助。同时,这种评价方式也为学生提供了一个展示自我、实现自我价值的平台,激发了他们的学习热情和积极性。因此,在法国的体育学习评价中,标准化功能逐渐被培养功能取代。这种转变不仅体现了法国学校对学生体育学习的重视和关注,也为学生提供了一个更加宽松、自由的学习环境,让他们在体育学习中不断成长、不断进步。

通过以上对国外体育学习评价的发展态势进行深度剖析,我们能清晰地观察到,一些国家早已站在体育教学改革的前沿阵地,对学习评估的重视程度极高。他们根据本国的国情和学情,历经长久的探索与实践,逐步构建并优化了体

---

① 王宝刚.国外体育教学评价及其启示[J].教学与管理,2011(30):159-160.
② 宋亚芹.高校体育教育专业体操普修课学生学习过程性评价理论构建[D].开封:河南大学,2017.

育学习评价体系,使之日益成熟、完善。在评价方法的选择上,他们摒弃了单一的相对性评价和总结性评价,将二者有机融合,同时融入进步程度评价和达成性评价等多元化的评价标准,这一变革不仅彰显了评价方法的科学性与合理性,更是对体育教学改革需求的精准回应。在体育学习评价领域,发达国家愈发注重学生的情感、态度和体验,而非仅仅局限于体质测试的结果。他们深信,运动参与和学习态度的培养对于学生的全面发展具有举足轻重的作用。这种以学生为中心的评价理念,充分尊重了学生的个体差异,使每位学生都能在体育学习中探寻到自己的成长轨迹,进而实现自我价值。以法国和韩国为例,两国的学校体育学习评价体系均以学生为本,着重关注学生的学习历程,细致入微地观察他们的学习态度和进步情况,并强调良好学习习惯的养成。在评价过程中,两国均重视学生的非智力因素,鼓励学生积极参与评价,从而实现了对每位学生全面、连贯性的评价。这种评价方式极大地推动了学生的全面发展,也为学校体育教育的持续发展奠定了坚实的基础。

目前,国外学习评价的主要特征体现在形成性、全面性和多样性上。评价过程中,学生始终处于核心地位,其学习过程、学习态度、进步情况以及良好学习习惯的养成均得到了充分的关注。评价内容日益丰富多元,评价方法和工具也愈发丰富多样,定性与定量评价相互融合,为评价结果的准确性提供了坚实的保障。这些特征不仅体现了国外学校体育发展的核心要求,也为我国体育教学评价改革提供了宝贵的经验,特别是在排球课的学习评价上,具有深远的启示意义。各国在体育教学评价方面虽各有特色,但共同的发展趋势是加强对过程性评价和个体评价的重视,以全面促进学生的发展为最终目标。

第三节 国内相关研究

一、关于学习评价的相关研究

1. 教学评价价值研究

教学评价价值的相关研究是一个多维度、深层次的学术探索领域。它不仅关乎教育质量的衡量标准,更触及教育理念的实践检验与理论升华。这一研究需要深入剖析教学评价的本质属性,即探究其作为教育过程中不可或缺的反馈机制,如何有效地提高学生的学习成效与促进教师的专业发展。首先,从价值哲学的视角出发,对教学评价的价值取向进行系统梳理。这包括对传统评价观念的批判性反思,如过分强调甄别与选拔功能而忽视促进发展的作用;同时也积极吸纳了现代教育评价理论的新成果,如强调评价主体的多元性、评价内容的全面性以及评价方式的多样性等。其次,对教学评价价值的实现路径进行探讨。包括如何设计科学合理的评价指标体系,以确保评价结果的客观性与公正性;如何运用现代信息技术手段,提高评价过程的效率与准确性;以及如何通过评价结果的有效反馈,激发学生的内在学习动力,促进教师的自我反思与专业成长。

教学评价研究在学术界一直占据着举足轻重的地位。其中,教学评价的价值取向是评价活动的核心,它深刻反映了人们对教学及其评价的不同认识与理解。探讨这种认识和理解,不仅是对评价理论和实践的进一步深化研究,更是对教学评价活动本质的探寻。近年来,我国也有众多学者对教学评价价值取向进行了深入研究。他们或基于国外相关理论进行探索,或在批判的基础上构建了自己的评价价值体系。他们的研究观点主要包括强调教学评价的人本取向、发展性功能、多重价值、价值多元与协商以及价值取向的和谐等。这些观点不仅体现了对教学评价活动的深入认识,也为教学评价实践提供了有益的指导。

总体来看,国内有关教育评价价值的研究呈现出逐渐由重管理到重教育、重社会到重个人、重判断到重发展的取向。这一变化体现了对评价过程中人的主体性的关注,对评价本质的深入探索,以及对评价者和被评价者关系、评价未来发展等问题的重新诠释。这些研究成果不仅为我们提供了丰富的理论资源,也为高校教学评价实践提供了有益的指导。

2. 教学评价方法研究

教学评价方法研究是一个多维度、多层面的课题。在我国,这一领域的研究已经取得了显著的成果,主要形成了以下几大类别。

(1) 根据评价的目的与作用,教学评价可以分为形成性评价与总结性评价[①]。形成性评价侧重于在教学过程中进行,旨在收集教学过程中的各类信息,以明确课程需要修订和改进的方面,从而优化教学流程。而总结性评价则在教学过程结束后进行,主要目的是对教学计划的整体成效进行判断,以便进行评定

---

① 周义义,周志雄,吴宝升.我国普通高校体育与健康课程学习评价的研究[J].体育与科学,2009,30(1):80-82.

或证明其效果。

（2）从评价关注的焦点来看，可以将教学评价分为内部评价与收益评价。内部评价注重教学系统内部的运行效率和质量，而收益评价则关注教学所产生的外部效益和影响。

（3）按评价人员的身份，评价可以分为内部人员评价与外部人员评价。内部人员评价主要由教学机构内部的人员进行，而外部人员评价则可能包括学生、家长、社会人士等进行评价。

（4）在评价分析方法上，又可以分为定性评价和定量评价。定性评价主要基于观察、访谈等方法进行描述和分析，而定量评价则通过数据收集、统计分析等手段进行量化评估。

（5）根据评价的统计学方法不同，评价方法还可以细分为简单统计加权方法、层次分析法（Analytic Hierarchy Process，简称 AHP）、数据包络分析法、模糊综合分析法等多种方法。这些方法各有特点，适用于不同的评价场景。

（6）从评价模式的类别来看，学者们提出了多种评价方法。例如，测验-目标法强调使用教育测验程序来评判是否能够达成项目目标；决策-管理法主要为决策者管理教育项目提供帮助；研究法则强调评价应成为"评价式的研究"，并将其应用到教学研究和实验研究中。

（7）按质量保障方式的不同，评价方法还可以分为教育质量认证、大学排名与评价、大学产出评价等多种类型。每一种质量保障方式都有其优缺点，需要根据实际情况进行选择和应用。

综上所述，教学评价方法是一个复杂而多样的体系。在实际应用中，应当根据不同的需求和情景灵活选择相应的评价方法，以充分发挥其优势，提高教学评价的有效性和准确性。

3. 教学评价主体研究

教学评价的主体研究呈现出多元化和复杂化的趋势。根据实施评价主体的不同，评价可以细分为政府评价、社会评价、领导评价、同行评价、学生评价以及自我评价等。学者们针对这些主体展开了广泛而深入的研究。

在政府评价方面，学者们不仅对我国首轮普通高等学校本科教学工作水平评估的效度进行了详尽的调查，还从多个角度进行了总结和反思。许多学者指出，政府作为评价的"强势主体"，应当适时"让权"，并积极探索我国教学评价的未来走向和体系构建。有研究团队在总结首轮水平评估结果的基础上，对新一轮本科教学工作水平评估的思路、指标体系、分类标准、评价方法、数据库应用等核心问题进行了系统的研究。

在社会评价研究中,学者们主要探讨了教育引入社会评价的必要性,以及如何有效进行社会评价[①]。他们普遍认为,社会评价制度能够有效弥补政府评价和内部评价的不足,推动我国高等教育深层改革以及评价的国际化。同时,也有学者对目前"大学排行"存在的问题与改进方向提出了建设性意见。

在学生评价研究中,学者们主要围绕学生评价的制度、必要性、可靠性、有效性以及存在的问题与改进措施等方面进行了深入探讨。他们普遍认为,与其他评价主体相比,学生评价具有独特的优势和不可替代性,其准确性、可靠性与可操作性特点尤为突出。然而,在我国现行学生评教制度下,学生的权益和利益并未得到真正实现。因此,学者们呼吁尽快完善学生的问责制度,突出学生的体验和感受,将学生评价制度的格局从权威控制型向利益相关者参与治理型转变。此外,学者们还对学生评价的有效性进行了实证研究,分析了影响学生评价有效性的相关因素,并提出了提高学生评价有效性的对策。

在同行评价与自我评价方面,虽然相关研究相对较少,但学者们也提出了不少有价值的观点。他们认为,大学教学同行评价具有天然的独特优势,但同时也面临诸多困境。走出困境的路径包括倡导导向功能、进行制度构建、营造教师文化、加大经费支持等。在自我评价研究中,学者们指出了教师自我评价的时代特征和重要意义,并对如何成功实施自我评价进行了设想。同时,还有学者探讨了多元化教育评价体系中高校自我评价的权利与意义。

4. 教学评价质量标准研究

在教育评价领域,对教育质量及其评价标准的探讨一直占据核心地位。众多学者从不同维度出发,形成了多元化的教育质量与评价标准观点,这些观点主要涵盖精英论、多层论、权力论、需要论、目标论、效益论和增值论等多个方面。

(1)精英论的质量标准追求"卓越"和"最优",强调教育质量的优秀性、高标准性和特色性。这种标准与产业界追求高质量产品和服务的要求相呼应,体现了排他性这一特质。精英质量标准对于世界一流和国内顶尖大学尤为适用,因为这些标准能够提升大学及其成员的期望水平,激励大家共同努力。然而,对于大多数普通院校而言,过分追求"卓越"的标准可能并不合适,甚至可能阻碍大学的发展。

(2)多层论的质量标准认为,教育质量是一个多层次的概念。从学历层次

---

① 杨军,闫建华.我国体育评价的起源与发展[J].体育学刊,2017,24(1):52-57.

来看,包括博士、硕士、本科、专科等,每个层次都有其独特的质量标准。从学科专业角度来看,不同学科专业的质量标准也有所区别。例如,教育部在2012年启动了本科专业类教学质量国家标准的研制工作,针对不同学科领域,设立核心要素和基本要求,制定出了符合专业特点的质量标准。同时,不同层次的学校其质量标准也应有所不同,这体现了教育质量标准的多样性和层次性。

(3) 权力论的质量标准主要从不同的权力主体或评价主体角度构建。这种标准包括学术标准、行政标准、教育标准和市场标准等。学术标准强调高等教育自身的规范、高深知识和学校的传统;行政标准关注程序和结构,认为好的管理能够产生高质量;教育标准强调人的因素,其权力主体主要是教育团体和教师;市场标准则关注毕业生的特色和学业成就,主要考虑用人单位的需求。这些不同的标准反映了教育机构内部和外部不同利益主体的需求和期望。教育质量及其标准的研究是一个复杂而多元的议题。不同的观点和标准为我们提供了丰富的视角和思考空间,有助于我们更加全面、深入地理解教育质量的内涵和要求。

(4) 在探讨教育质量的标准时,需要深入探讨"需要论"的质量观。这种界定方法强调,教育质量设定的依据应主要围绕顾客的需求展开,而教育目的的重点亦应聚焦于满足这些需求[1]。换言之,教育越是能够精准地满足学生、家长、政府、社会和市场等多元顾客群体的需求,其质量便越高。这些"顾客"对于高等教育的需求和期望是多元且各异的。学生可能更关注知识的获取和能力的培养;家长则可能更看重学校的声誉和孩子的未来发展;政府则可能侧重于教育对社会的贡献和人才的培养;而社会和市场则可能更看重教育的经济效益和实用性[2]。因此,当这些顾客的需求产生冲突时,如何平衡并优先满足各方的需求,以及如何协调不同顾客之间的利益冲突,是持"需要论"质量观的学者需要深入思考的问题。

(5) 效益论的质量标准则以高等教育的效益为构建依据,这主要源于教育经费的快速增长和政府对高校办学效益的问责。它将教育活动视为经济生产活动,关注的是教育成本的投入能够转化为多少"输出"。这种质量标准强调提高资源的使用效益,有助于推动高校更加合理地配置资源,提高教育效益。

---

[1] 张世义,陈颖.质量文化视角下高校学前教育师资培养质量保障机制建设的挑战及其应对[J].当代教育论坛,2022(5):34-42.

[2] 王海涛,董玉雪,于晓丹,等.教育质量评价标准的价值建构[J].湖南师范大学教育科学学报,2017,16(1):103-108.

(6)增值论的质量标准则以学生的进步和发展为依据,考察学校教育对学生发展的实际影响,并据此判断教育活动的价值。它认为,学生入学时与毕业时水平的差异,或学生在校期间的变化情况,可归因于学校教育。学生变化的幅度,即"增值"的大小,可看作是学校、培养计划、课程或教师的教育成就。这种质量标准直接指向学校教育对学生成长发展的实际影响,对于引导和鼓励学校和教师着眼于学生的学习具有积极意义。然而,它能提供的关于教育过程的信息较少,对学校改进教育过程的帮助有限。同时,由于学生入学水平的不同,不同学校之间"附加值"的比较也存在一定的误差。

需要明确的是,各种质量标准并非非此即彼的关系,而是从不同的角度或理念进行区分。各种质量标准之间也存在重复和交叉的情况。在一些国家或高校的教育教学评价中,评价标准可能会包含几种类型。但无论持何种质量观,都应当重视学生的学习与发展。教育质量是一个复杂的概念,人们可以从各自的角度对其进行不同的理解。但可以肯定的是,教育质量首先是指学生发展质量,即学生在整个学习历程中所学到的"东西"(所知、所能做的及其态度)。学生在认知、技能、态度等方面的收益是衡量教学质量的核心标准。

二、关于体育学习评价的相关研究

在我国,教学评价作为教育过程中的核心环节,一直受到学者们的密切关注。鉴于我国体育学习评价研究起步较晚,需依据丰富的文献资料,在尊重历史的基础上,确保研究的科学性和严谨性。随着教育改革的深入,高校体育教学迎来了崭新的发展机遇,其中,体育选项课作为学生热衷的课程,其学习评价自然成了体育学术界研究的热点。

近年来,随着教育教学改革的不断深化,体育选项课学习的评价问题逐渐凸显其重要性,成为体育教学研究的重中之重。在这一领域,学者们的研究成果层出不穷,利用中国知网(CNKI)全文数据库,主题为"体育学习评价"或篇名为"体育学习评价",时间截至2024年5月30日,在"精确"的匹配模式下将期刊来源范围限定在"全部期刊",共收集期刊文献913篇,展现出了丰富的研究层次和深度。

由图2-1~图2-5可以看出,2008—2012年"体育学习评价"相关研究处于高峰期,每年发文量约60篇。913篇期刊文献中,主要主题为"学习评价""体育学习评价""体育课程""体育学习""体育教学""高校体育课程"等。体育学习评价研究领域,高产作者为汪晓赞教授、季浏教授、尹志华等,陈建峰、秦海权、仇建

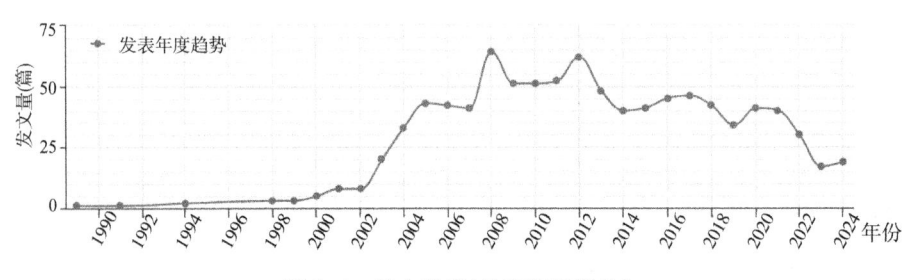

图 2-1 发文量图(体育学习评价)

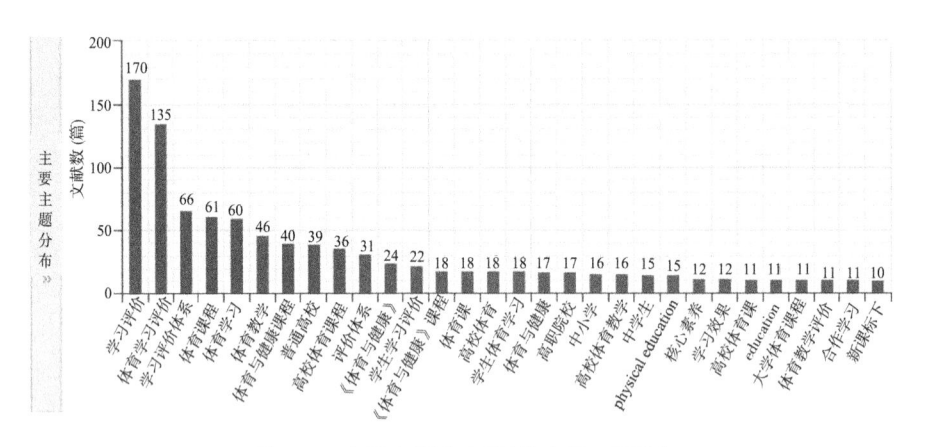

图 2-2 主要主题分布图(体育学习评价)

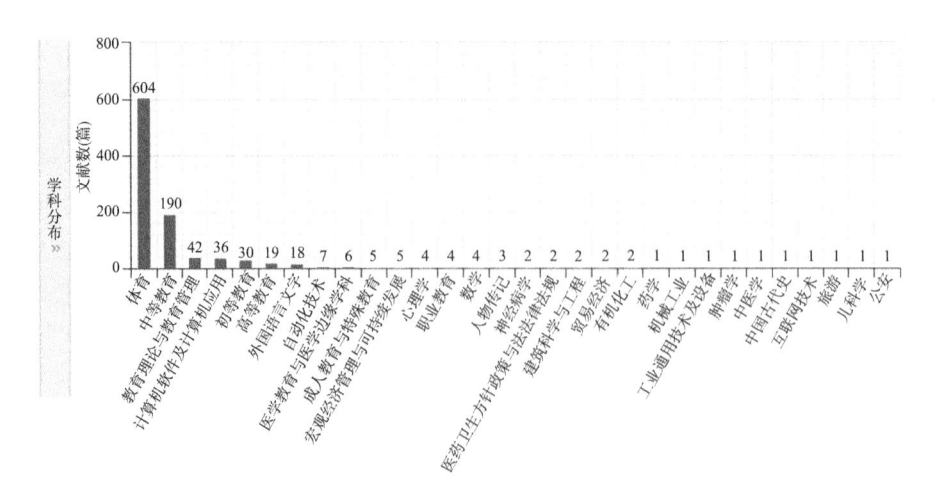

图 2-3 学科分布图(体育学习评价)

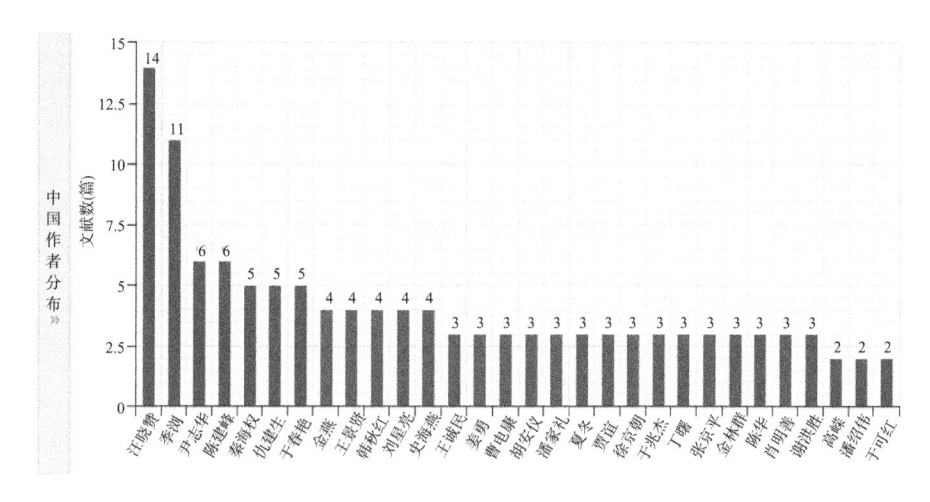

图 2-4　作者分布图(体育学习评价)

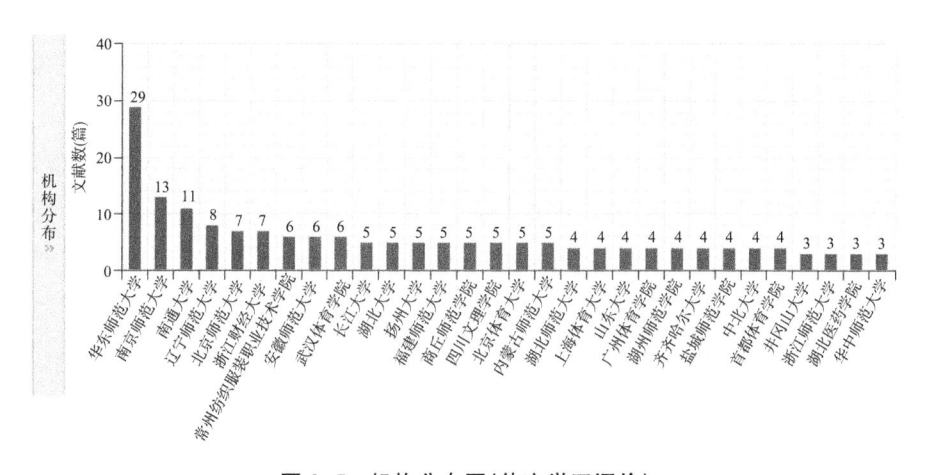

图 2-5　机构分布图(体育学习评价)

生、于春艳等人的发文数量也较多。在体育学习评价研究领域,由汪晓赞教授领衔的华东师范大学研究团队一枝独秀,发文量为 29 篇;南京师范大学紧随其后(13 篇);其余依次为南通大学(11 篇)、辽宁师范大学(8 篇)、北京师范大学(7 篇)、浙江财经大学(7 篇)、安徽师范大学(6 篇)、武汉体育学院(6 篇)等。体育学习评价研究相关基金项目中,有 22 篇为全国教育科学规划课题成果,15 篇为国家社会科学基金项目成果,3 篇为教育部人文社会科学基金项目成果。

1. 体育学习评价的现状与挑战

近年来,体育学习评价领域的研究逐渐深入,揭示了其面临的诸多问题。李玲认为,学校体育学习评价面临着多重问题,亟待解决与改善[①]。评价方法的单一性是一大瓶颈。传统的体育学习评价过分依赖总结性评价,这种"一刀切"的方式往往忽视了学生在学习过程中的成长与变化。现代教育评价理论明确指出,评价应涵盖总结性、过程性和诊断性等多个维度。传统的评价方式过于强调学生成绩的高低,却忽视了学生在追求成绩背后所付出的努力,以及他们的情感体验和学习态度。这种"只看结果,不问过程"的评价模式,不仅容易让学生产生消极的学习态度,还可能影响他们的全面发展。此外,体育学习评价在定量与定性之间也存在失衡。传统的体育学习评价往往过于注重定量评价,将复杂的教育现象简化为一串串数字,难以真实反映教与学的实际情况[②]。定量评价虽然看似精确,但在某些领域并不完全适用。它更适合用于评价学生的体能和运动技能,但在评价学生的体育学习态度、意志品质等方面则显得力不从心。再者,体育学习评价标准的统一性也存在问题。目前,体育学习评价大多采用教育部统一颁布的评价标准,如《国家体育锻炼标准》等。然而,随着时代的变迁,这些评价标准在实践中逐渐暴露出一些问题。首先,它们忽视了学生之间的个体差异,采用统一的标准来评价所有学生,这显然是不公平的。其次,这种评价标准抑制了体育教学内容的多样化,使得许多体育教师为了追求学生的达标成绩,而忽视了教学内容的丰富性和多样性。最后,评价标准的制定者往往是少数专家,他们虽然对体育教学有一定的了解,但很难完全涵盖所有地区和文化差异。在评价内容方面,传统的体育学习评价也存在单一化的问题[③]。它过于强调对学生体能和运动技能的评定,而忽视了学生在情感、态度、价值观等方面的发展。这种评价方式容易使成绩好的学生产生自满心理,忽视教师的指导;同时,又会严重挫伤成绩不够理想的学生的学习积极性,导致他们喜欢体育而不喜欢体育课。此外,传统的体育学习评价还过于重视对运动知识和技能本身的评价,而忽视了其在实际应用中的灵活性和创新性。这种评价方式很难真正反映学生的体育学习水平和能力。

陈凤英等通过问卷调查和专家访谈,发现现行的学生学习评价的内容与指

[①] 李玲.学校体育学习评价的研究[J].教学与管理,2012(12):130-131.
[②] 于素梅."乐动会"体育课堂教学评价体系研究[J].体育学刊,2018,25(4):87-92.
[③] 王诚民,姜晓阳,姚大为.高校体育课程学习评价存在的问题及对策[J].教育探索,2009(8):47-48.

标仍主要侧重于对运动技术技能和体能水平的评估[①]。"考"与"练"紧密相连的现象仍较为普遍,显性评价占据主导地位,但对非智力因素的评价却显得相对不足,如健康状况和心理素质水平等,这在一定程度上体现了应试教育的特征。不过,值得欣慰的是,对于这些非智力因素的评价,人们的期望值正逐渐提高,评价内容和指标也日益全面[②]。在教学评价的过程中,教师和学生已经初步建立起了针对学习评价的联系、交流与信任关系。这种积极的学习评价能够有效地调控教学方向,激发学生的学习兴趣,并提升教师的亲和力。虽然现阶段的学习评价仍以任课教师评价为主,但"学生互评""同行教师评价""学生自我评价"等多元化评价理念正逐渐被大家认同和接受。在评价的形式和手段上,不难发现其主要依赖于统一的、标准化的、总结性的百分制评价。这种评价方式注重可操作性和可比性,但在一定程度上忽视了个体差异性,导致评价结果具有片面性。然而,值得注意的是,以学习进步幅度、定量定性相结合的等级制评价形式和手段已在实践中得到应用,并逐渐扩大应用范围。就现行学生学习评价效果而言,教师的认可度并不高。这种评价模式往往忽视学生的个性特征,片面追求考试成绩,容易挫伤学生的学习积极性。事实上,激发学习动机的关键在于保护学生的自尊心。评价对学生终身体育活动、体育意识和个性发展具有深远的影响,因此,需要更加重视评价的科学性和有效性。

王诚民等研究指出,当前,对体育课程学习评价目的的理解存在误区[③]。体育课程学习评价的核心目标包括两方面:一方面是审视教师的教学成效,协助教师调整教学策略,进而提升教学质量;另一方面,则是为了全面掌握学生的学习状况,帮助学生明确自身的进步和需要完善的方面,以此为基础实现自我提升。然而,在实际教学过程中,不难发现,体育课程学习的评价往往被误读为体育教学的终极目的。由于体育成绩与学生奖学金评定、学业完成情况以及入党等关键事项紧密相连,学生往往因追求高分而被动学习,教学内容往往围绕考试内容展开,使得体育教学陷入应试的泥沼。这种对体育教学目的的误解,自然也会在体育教学评价体系中得到体现,进而影响体育教学的正确方向。在评价方式上,

---

[①] 陈凤英,冯岩,刘威,等.普通高校体育课程学生学习评价的调查研究[J].武汉体育学院学报,2009,43(9):85-88.
[②] 金涛.教师如何应用技术开展反思?——论思维可视化技术支持下的反思性思维影响因素模型[J].远程教育杂志,2020,38(2):99-112.
[③] 王诚民,姜晓阳,姚大为.高校体育课程学习评价存在的问题及对策[J].教育探索,2009(8):47-48.

当前体育课程学习评价过于依赖绝对评价,相对评价则常被忽视。传统的体育课程学习评价方法,主要侧重于对技术和技能的测定,这些测评数据往往按固定权重反映被测试者的先天身体素质状况。这种评价方式过于强调绝对成绩,忽视了学生经过努力后的进步程度。因此,身体素质优秀的学生往往能轻松取得高分,而身体素质稍差的学生则可能因成绩不佳而失去信心,严重制约了学生的个性发展。在评价内容上,当前体育课程学习评价过于注重定量评价,忽视了定性评价的重要性[①]。在体育教学评价中,量化评价的确具有操作简便、结果可比性强等优点,但过分依赖量化评价却阻碍了评价目的和评价理论的深入研究。评价指标体系往往以能直接量化的因素为主体,如技术评分、达标成绩等,而那些难以量化的重要因素,如体育态度的形成、情感意志的发展等,则往往被忽视。这种片面性使得评价结果具有较大的局限性,难以全面反映体育教学的价值。在评价时机上,当前体育课程学习评价过于注重总结性评价,忽视了过程性评价的价值。体育的本质在于身体活动,而总结性评价往往以身体活动能力为评价指标[②]。然而,由于学生身体机能存在差异,这种以体能测试为主的评价方式难以客观反映体育教学的真正价值。一些身体条件优越的学生即使学习不够认真也能取得高分,而一些努力学习的学生则可能因身体条件限制而难以取得理想成绩。这种评价方式无法准确反映学生的学习态度和努力程度,也难以体现体育教学目标的达成程度。因此,应该重视过程性评价在体育教学中的作用,关注学生的学习过程和成长变化,更全面地评价学生的体育学习效果。

由文华等在陕西省高校的调研中发现,陕西省高校在体育学习评价方面的实践与《纲要》所倡导的理念之间存在显著的差异[③]。为了准确而全面地反映学生的体育学习效果,必须构建一个科学合理的评价指标体系,这一体系应充分贯彻《纲要》的精神,全面、科学、客观地衡量学生在体育与运动技能、认知深度、学习态度与行为、交往与合作精神以及情意表现等多个维度的表现。这样的评价体系不仅有助于高校更好地了解学生的学习情况,还有助于实现新的课程目标。然而,根据调查结果,发现多数高校在对学生体育学习进行评价时,依然采用以期末考核为主或类似的"学完一项考核一项"的方法。仅有5所高校能够兼顾学

---

① 蒋菠,QUAY J,CUI X,等.中国基础教育体育课程改革新启示——基于澳大利亚创意身体教育课程模式视角[J].北京体育大学学报,2018,41(6):93-99.
② 王慧莉,吕万刚.表现性评价在体育课程思政建设中的应用研究——以体育教育专业体操类专项课程为例[J].体育学刊,2022,29(1):103-110.
③ 由文华,张黎.陕西高校体育学习评价现状的调查研究[J].北京体育大学学报,2005(7):950-951.

生开学初、学习中和结束时的成绩对比,将进步幅度纳入评价范围。显然,目前高校体育学习评价主要还是依赖于总结性评价方法。虽然这种方法简便易行,长期以来占据主导地位,能够激励学生为获得优秀成绩而努力超越他人,但它却忽略了学生在学习过程中的主体性和过程本身的价值,也无法充分体现学生体育素质基础的差异。学生们来自五湖四海,他们在体育方面的差异远大于智力方面的差异。这些差异受身高、肌肉类型、心肺功能、神经类型等先天因素的影响,导致他们在体育学习上的基础千差万别。因此,学生们在学习中的刻苦程度和进步幅度也各不相同。然而,当前大多数高校所采用的统一评价标准,往往更多地关注了学生的先天条件,这在一定程度上挫伤了学生学习的积极性,无法真实反映他们学习的实际效果。此外,调查还显示,有高达58.33%的学生对当前的体育学习评价现状表示不满。他们表示,虽然先天条件无法选择,但与自尊心紧密相关,来自对外表和身体的评价往往让他们感到更加沮丧和失落。他们希望通过不懈的努力缩小差距,弥补不足,并渴望自己的努力、进步和体育能力的提高得到认可。这表明大学生具有极强的荣誉感和自尊心,而当前大多数高校的体育学习评价方式无法满足这种心理需求,这种反差无疑会打击学生自觉学习的积极性,不利于他们的身心健康发展。

2. 体育学习评价的发展趋势

随着科技的发展和社会的进步,体育学习评价也在不断探索新的发展趋势。袁圣敏等研究认为,评价即学习,未来需做到以下三个方面:①转变评价观念,建立促进学生全面发展的评价体系。长期以来,体育教学饱受诟病,所谓"学了十二年,成效甚微"。这一问题的根源在于传统的体育评价模式过于注重结果,忽视了过程。在新的教育理念下,需构建符合学生全面发展要求的评价体系,将评价融入学习过程之中。教师不再只是执行者,而是引导者和促进者,鼓励学生根据自身情况,结合运动监测结果,自主调整学习策略,实现真正的"评价即学习"。②运用科技手段,推进体育教学评价模式的创新。为实现体育强国的目标,需要借助科学技术手段,深化体育教学评价模式的改革。运动监测系统的广泛应用,使评价活动能够实时、准确地反映学生的运动状况,实现"评价即学习"的理念。这不仅有利于政府制定相关政策,也有助于学校掌握学生的体质变化情况,为教学课程的调整提供依据。对于体育教师而言,科技手段能提供更丰富的教学参考,激发学生的主观能动性;对于学生来说,可以及时了解自身变化,实现精准锻炼。更重要的是,科技手段的应用能推动人们进行自我评估、自我完善,为培养更多适应社会需求的人才提供有力支持。③强化区域统筹,构建区域性的教育评价平台。在现有教育机制下,要实现"评价即学习"的理念,离不开教育主管部门的支持。通过区域统筹规划,建设区域性的数据监测平台,可以避免学校间的重复建设,确保评价标准的统一。这不仅有利于学校对学生的学习过程进行监测和反馈,还能激励学校间推动竞争与合作,共同提升教学质量。同时,区域性平台的建设还能为政府制定教育政策提供有力支持,推动教育事业的持续发展[①]。

邱硕立等[②]强调学生体育学习评价的人文化趋向:①科学教育与实证化教育评价。教育评价的核心目标是为教育过程提供关键的反馈信息,进而推动教育目标的达成。因此,教育评价的目标与教育目标的关联是自然而然的。现代教育正在追求科学教育和人文教育的融合,其评价的价值取向也必然受到影响。未来的教育评价将以人文化为最高价值追求、以实证化为方法途径,向人文化和实证化共生共融的方向发展。自美国教育家泰勒在20世纪30年代开创当代教育评价体系以来,实证化教育评价始终占据主导地位,其特点在于对客观性和数量化的高度追求,以及对评价信度和效度的重视。无论是泰勒的目标导向评价模式,还是随后的系统评价模式,乃至20世纪70年代末80年代初的费用效果分析,都体现了实证化教育评价的特色。这种评价方式深受科学发展的影响,其根源在于科学对数量化、精确性的强调,以及对揭示物质运动客观规律的追求。②人文教育与人文化教育评价思想。随着教育评价实践的深入,人们逐渐意识到传统的实证化教育评价并非尽善尽美,其局限性日益凸显。随着人文教育思想的复兴,评价者开始注重与评价对象的深入交流,尊重他们的主体需求,这体现了人文化评价的特点。特别是20世纪60年代以来,全球性的教育、社会变革浪潮,使得人们在研究教育问题时,方法论上逐渐向人文主义哲学靠拢。教育评价也顺应这一潮流,出现了一系列新的评价模式。这些模式不再单纯从评价者的需求出发,而是综合考虑所有评价参与者的需求,强调个体的经验和主观认识的作用,不过度追求客观性和数量化,而是从人的角度出发,重视人文社会科学在评价中的作用。如今,教育评价的人文化趋向愈发明显,逐渐占据主导地位。③在科学化基础上追求人文化。人文教育与科学教育并非相互排斥,而是可以相互补充、相互促进的。同样,实证化和人文化两种教育评价思想也完全可以共生共长。人文化教育评价应以实证化为基础和手段,确保评价的客观性和准确性;而实证化教育评价则应以人文化为价值取向,关注评价对象的主体需求和人

---

① 袁圣敏,张吾龙.评价即学习:大数据时代学习评价新模式——以体育教学为例[J].江西社会科学,2018,38(9):240-246.
② 邱硕立,徐玖平.论学生体育学习评价的"人文化"趋向[J].体育与科学,2000(5):61-64.

文关怀。学生体育学习评价的人文化趋向正是现代教育重视人文教育的思想在教育评价领域的体现,同时也是学校体育课程发展的内在要求,更是深化体育课程改革的客观需要。人文化的学生体育学习评价强调从所有参与评价者的需求出发,尊重个体差异,不过度追求客观性和数量化,而是从人性出发,重视人文科学在评价中的作用。其目的在于引导学生深刻理解体育的人文意义,以体育为媒介,追求健康、积极、正确的生活方式。当然,这种人文化趋向并非否定科学化,而是在科学化的基础上追求人文化,实现两者的和谐统一。

胡曼玲提出,体育与健康课程的实施,实际上是一项精心设计的系统工程,其复杂性在于其多元化的结构,使得对其中任一关键内容的评价都必须秉持多元化的评价理念[①]。这门课程拥有活动性的教学形式,所以体育学习评价的方式与普通学科课程大相径庭。体育学习评价不仅在评价方式、评价焦点和评价工具上展现出多样性和开放性,更在实际操作中体现了对学生全面发展的关注。在评价方式上,应当鼓励学生自我评价、学生间互评以及教师协助评价,形成多维度的评价网络。在评价焦点上,应当尤为注重对活动过程的评价,而非仅仅看重活动结果。对活动结果的评价并不作为评分依据,体育学习评价应更多地关注学生在活动中的进步与不足。同时,应强调学生的自我评价,而非单纯依赖教师的评价,以培养学生的自我认知和反思能力。此外,应更加关注学生在活动中态度的转变、能力的提高和个性的发展,而非仅仅评价他们的运动技能。在体育与健康课程的评价过程中,应实行开放性的评价方式,鼓励学生之间多进行学习互动,分享他们在活动中获得的实践经验和直接经验。这样,学生不仅能够将理论知识与实践活动相结合,更能在这一过程中将感性经验提升为理性知识,真正实现知识的内化与升华。

安卓炯则指出新形势下高校体育学习评价的发展趋势如下:①随着体育教学理念的持续演进,体育教学评价指导思想也得以全新构建。这一转变体现在从单一视角评价到多角度、多方法的综合质性评价的跃升;逐步淡化评价的选拔性质,转而强化其检验、反馈和激励的综合效能。为彻底摒弃"考什么、教什么、练什么"的固有模式,评价应不仅着眼于教学效果,更要深度剖析教学过程;不仅关注教师的教法,也细致评价学生的学习成效。②评价方式的多元化是体育教学评价改革的重要一环。教师对学生的评价涵盖了对学生学习成果的总结性评

---

① 胡曼玲.体育与健康课程实施中体育学习评价功能发挥及评价多元性分析[J].南京体育学院学报(社会科学版),2009,23(6):103-105.

价和对学生学习过程的动态评价。总结性评价旨在全面分析学生的学习效果，同时作为教师自我教学质量评估和比较的重要参照。过程评价，即形成性评价，则注重在教学活动中的即时反馈，帮助教师及时发现问题、调整教学计划，以追求更为理想的教学效果。学生自我评价的重要性不容忽视。作为教学目标的直接实践者，学生对于自身学习体验的评价具有独特的价值。特别是那些难以量化的情感、意志、态度、兴趣等内在心理倾向，更需要通过自我评价来获取真实反馈。一个善于自我评价的学生，能够依据教学目标随时自我调整，确保自身始终处于正确的学习轨道上。③体育教学评价内容的扩展体现了对学生全面发展的关注。体育教学评价不仅评价学生的体育知识、技能学习成果，还密切关注学生的身体发展、体育能力培养以及思想、意志、品质、合作能力等综合素养。此外，学生在体育学习中的进步幅度、努力程度以及社会适应性等也成为评价的重要内容。这一转变符合《纲要》的要求，通过教师评价、学生自评和互评等多种方式，结合过程评价和总结性评价，体育课程能更好地贴近教学目标，确保体育教学培养出的人才与社会需求及社会发展相契合①。

3. 体育学习评价的内容

在体育学习评价内容的研究上，学者们进行了广泛而深入的探索。律海涛在《大学生体育选项课学习满意度评价指标体系构建的研究》中，深入剖析了影响公共体育选项课学习满意度的多个层面，从课程设置、学习风气、教师能力、场地器材、考试考核以及同学关系这六大核心要素出发，依托卡诺模型，精心编制了一套详尽的学习满意度调查问卷②。问卷设计精巧，分为两大部分：第一部分旨在全面了解受试者的基础信息；第二部分则通过细致入微的条目，探寻受试者在各项内容上的满意度与重视程度，共计52道题目。在评分方式上，问卷采用了李克特量表七级评分法，受试者需根据自身感受，对各项内容做出从"非常满意"到"非常不满意"的评判，分数从7分递减至1分，分数越高，代表满意度越高。同时，对于各项内容的重视程度，也采用了同样的方法，从"非常重要"到"非常不重要"，分数从7分递减至1分，分数越高，代表受试者认为该内容越重要。问卷的题目随机排列，确保受试者在填写时不受顺序影响，能更真实地反映其自身感受。通过对受试者的回答进行细致分析，研究构建了大学生体育选项课学习满意度的测评指标体系，该体系由课程设置、学习风气、教师能力、场地器材、

---

① 安卓烔.对新形势下高校体育学习评价的研究[J].中国成人教育,2008(6):163-164.
② 律海涛.大学生体育选项课学习满意度评价指标体系构建的研究[J].牡丹江大学学报,2011,20(2):162-164+167.

考试考核和同学关系六大因子构成,共包含26个观测指标。其中,课程设置、教师能力、场地器材、考试考核等因子在衡量学生对体育选项课学习的满意度时具有显著的重要性。这一评价指标体系的建立,不仅为评价大学生体育选项课学习满意度提供了科学、系统的工具,也对当前高校教育理念的更新和体育课程的教学改革具有重要的参考价值,有助于推动高校体育教学质量的持续提升。

张健研究认为,在教学中由于传统观念的束缚,部分教师过于偏重技能学习与体能练习,未能将学生的全面发展融入其中。这使教学内容呈现出单一、重复的特点,仅仅是围绕着考试大纲进行教学,从而偏离了体育课程旨在促进学生全面发展的总目标[1]。受这种传统教学观念的影响,教师在评价学生的学习成果时,往往局限于运动知识、技能和身体素质的考察,并以此作为评定学生成绩的主要依据[2]。这种以传统教育评价制度为核心的考核方式,过于注重结果,忽视了学生在身心健康、运动参与、情绪调控、锻炼习惯、个性发展、合作意识和社会责任感等方面的综合素质。这种片面的评价方式不仅不能全面反映学生的真实水平,而且对学生的全面发展也产生了消极影响,与新课程标准所倡导的教育理念背道而驰。基于此,在推进竞技运动的"体育课程教材化"过程中,教师需将此项工作视为课程内容的核心。体育教师应深入了解学生的身心发展特点,结合本地区的地域特色和学校的实际情况,创造性地探索和开发具有特色的校本课程教材。将竞技体育与民族体育的传统优势项目巧妙地融入课堂之中,既能传承体育文化,又能激发学生的学习热情。在教材化的过程中,教师应勇于突破竞技运动的框架,简化技术结构,将原本成人化的竞技运动转化为充满趣味性和游戏性的教材内容。在选择运动项目时,应充分考虑学生的兴趣和爱好,安排适宜的运动强度,确保能够满足不同年龄层次和水平学生的发展需求。同时,教师应深入挖掘体育与艺术文化之间的联系,通过将歌舞等多种艺术形式融入体育课,丰富课堂内容,使体育课不仅成为增强体质的场所,更是陶冶情操、促进身心和谐发展的快乐课堂。在评价学生学习成果时,教师需认识到考试量化指标虽具公平性,但"一刀切"的标准对基础各异的学生并不公正。因此,评价不应仅局限于技能和体能水平,更应关注学生的学习过程、进步幅度以及学习前后的变化。应鼓励学生选择自己喜爱的运动项目参与考试,以激发他们的学习积极性和自我锻炼的动力。学校方面,除了关注学生的学习过程评价外,还应对教师的课程

---

[1] 张健.新课程标准下体育教学评价的问题与对策研究[J].课程·教材·教法,2015,35(6):98-102.
[2] 卢潇,胡凡刚,刘永琪.翻转课堂蕴涵的学习理念摭论[J].现代教育技术,2016,26(12):72-78.

设计、课堂组织、教学态度和行为等进行全面评价。通过教学结果评定与专业发展评价的结合,促进教师的专业成长。对于部分难以量化的教学活动,教师应精心设计评价等级和评语内容,避免评价主体和指标的烦琐化带来的负面影响,确保评价过程的高效与公正。

4. 体育学习评价的方法与标准

在体育教学评价领域,高升等研究认为,实行联考或统考已成为教育领域的一个显著趋势,标志着教育与考试的逐步分离。过去,任课教师常常包办成绩评定,但这一现象正在逐渐减少。在成绩评定的过程中,由于每位教师对于考试的标准、尺度和要求的理解存在差异,且主观因素影响较大,因此,在绝对评分考试项目上推行联考或统考能更为客观地反映学生的真实水平[①]。建议采用等级制考核评价,相较于绝对评价以理想目标为评价标准,其适用面更广,标准更易确定。相对评价则能更客观地反映个体相对于自己、群体或总体的把握情况,因此体育课程评价不必拘泥于百分制。此外,主张采用多元综合评价,充分考虑学生的个体差异,以进步幅度作为评价学生体育成绩的重要依据,而非过分强调最终成绩。同时,应逐步淡化总结性评价方法,使形成性评价和总结性评价相结合,更全面地反映学生的学习过程。在评价过程中,应注重个体进步度评价与其他评价的有机结合,特别是客观分析与主观分析的融合。此外,还应重视社会相关方面的评价,以获取更全面的反馈。在评价方式上,鼓励自主评价和教师评价相结合,将学习的主动权交还给学生,提高学生的学习积极性,促进终身体育习惯的形成。教师成为学生学习的引导者,学生可以根据自己的兴趣和爱好自由选择课程,只要达到学分要求即可。这种评价方式不仅提高了教师和学生的主动性,也使评价结果更加客观、公正。体育作为一门立体、多维和个性化的学科,其课程评价不应拘泥于单一的标准和模式[②]。在构建评价体系时,应追求实用性和多样性,而非追求通用性和面面俱到[③]。具体而言,应根据自身实际情况,建立评价内容多元、评价方法多样的综合评价体系。在评价过程中,应特别关注学生在学习过程中的表现,尤其是学习效果和反应。同时,应加大学生健康理念、终身体育意识、参与意识等主观定性评价,以及对学生实践能力、应用能力、创新能力等主体综合能力的评价。这些评价内容的加入将使体育课程评价更加全

---

① 高升,蒋先军,付银鹰.普通高校体育课程评价方法研究[J].天津体育学院学报,2004(3):90-92.
② 马卉君,马成亮,姚蕾.我国体育与健康课程学业质量评价的学理逻辑与实践路向[J].北京体育大学学报,2023,46(2):107-116.
③ 季浏.我国《普通高中体育与健康课程标准(2017年版)》解读[J].体育科学,2018,38(2):3-20.

面、深入。对于绝对成绩和相对成绩的评定,主张采用主客观有机结合的评价方式。利用现代技术方法制定评分量表对主观成绩进行定性分析,而客观成绩则通过累进计分制定成绩评分量表进行定量分析。这种评价方式能够更准确地评估学生的真实水平。在课程设置方面,应根据场地、器材条件、师资、教材特点以及学生的身体机能水平、兴趣爱好、运动技能水平、传统项目和未来职业需求等因素设置多样化的选项课教学方式。

闻兰在《普通高校体育课程学习效果评价方法的研究——基于定积分学思想的体育课程成绩评定方法》中认为,过去体育课程成绩的评价方法主要聚焦于甄别与选拔,这在一定程度上忽视了对学生的激励与发展[①]。然而,随着课程改革的不断调整与深化,迫切需要构建一套更为科学、全面的学生体育课程学习效果评价方法。基于定积分学的思想,闻兰深入探讨了这一评价方法的构建理念与实际操作方法,进而提出了一种以学习变化率作为核心指标的全新体育课程成绩评定方案。这一方法不仅更好地体现了《纲要》的精神实质,也更为贴近学生体育学习的实际情况。值得强调的是,体育课程成绩评定的真正意义并不在于其外部表现形式,而在于其在教学过程中所能发挥的积极作用,以及它能向学生传递的反馈信息。因此,基于定积分学思想的成绩评定方案,能够更全面、更准确地反映出《纲要》的要求,真正做到了以学生为中心、以发展为导向。当然,要构建一个准确的评分数学模型,离不开精确的初始参数值。这些参数值的确定并非一蹴而就,它有赖于相关专家的长期实践经验,并通过大量的调查研究与实际运算来不断修正和完善。这也是后续研究的重要任务之一。该研究旨在从定积分学的视角出发,深入剖析体育课程学习效果的变化情况,进而探讨其"评分数学模型"的构建理念与实际操作方法。闻兰希望通过这一研究,能够为体育课程评价体系的完善与发展提供有益的参考与借鉴。

综上所述,多年来,我国学者在体育教学评价的研究上取得了丰硕的成果。他们不仅关注评价内容、方法和标准的创新,更在评价理念上不断突破,强调以学生"健康第一"为指导思想,以学生的身心健康与终生体育教育为目标。同时,他们致力于建立科学、合理、有效、可操作性强的新评价指标体系,并在评价主体、内容、方法上追求多样化、系统化、多元化。这样的评价体系不仅关注学生的学习成果,更重视学生的学习兴趣、特长及自身的发展。

---

① 闻兰.普通高校体育课程学习效果评价方法的研究——基于定积分学思想的体育课程成绩评定方法[J].北京体育大学学报,2006(2):234-236.

5. 体育学习评价指标体系的构建

在构建体育学习评价指标体系方面,学者们进行了大量的研究和实践。从一级指标来看,当前的评价体系主要以 4 领域和 5 领域为主。邵莉雅通过充分借鉴以往的研究成果,在对相关资料进行充分查阅、深入了解的基础上,找出了现阶段我国体育学习评价指标体系存在的问题:评价内容过于注重技能方面,缺少对学生情感态度的考察;评价主体仍是以教师为主,在新的时代下,应关注学生对其自身的评价以及学生之间的评价;评价形式也主要侧重于绝对评价,很少关注学生自身学期初与学期末的对比[①]。该研究构建了一套新时代大学生体育学习评价指标体系,其中包括 2 个一级指标(平时成绩、考试成绩),5 个二级指标(体能、运动参与、运动技能、运动知识、情意表现与合作精神),38 个三级指标。选用德尔菲法专家意见的结果计算指标的权重,然后利用均值归一法对权重进行计算。其中,一级指标占比高的是考试成绩(0.522),虽然考试成绩仍占比较重,但相对于以往的评价指标权重占比的情况,明显有所减少。邵莉雅建议,评价内容上不仅要关注学生技能方面的提高,也要关注学生情感态度方面的变化,以及学生自身的进步幅度;评价形式上,不能一味地以同一指标对所有学生进行评价,要考虑学生之间的差异。她还认为,从根本上改善学生的体质健康水平,培养学生良好的运动行为和习惯,不仅仅需要学校的努力,还需要教师以及社会等多方面的支持。对学生的体育学习评价只是众多考核方法中的一种,加强体育活动、搭建活动平台、营造良好的氛围和环境,都可以促进学生的身体素质和激发学生参与活动的积极性,从而提高学生的体质水平。要达到公平、客观地对学生进行体育学习评价,不仅需要评价者和被评价者,还需要更多的监督者参与评价。

邢书豪研究认为,网球专选班学生学习质量评价体系的构建,并非是一蹴而就的简单工作,而是一项系统而复杂的工程。应始终坚持导向性、系统性、操作性与发展性的基本原则,力求实现学习质量评价体系的价值性与科学性的完美结合。研究中构建的高等体育院校网球专选班学生学习质量评价体系,涵盖了网球理论知识、运动技能、运动素质、学习态度、实践能力、情意表现与合作精神等六大核心领域,并进一步细化出 18 项二级指标和 52 项三级指标,确保评价的全面性和深入性。通过三级指标的逐项评分,可以计算出二级指标和一级指标的得分,最终得出学生学习质量的总体评价。评分体系严谨而合理,确保总得分

---

① 邵莉雅.新时代大学生体育学习评价指标体系构建研究[D].淮北:淮北师范大学,2022.

能够准确地反映出学生在各个评价维度上的表现。为了使评价体系更具操作性和实效性,该研究制定了明确的评定标准,将评价指标划分为 A、B、C、D、E 五个等级,并赋予相应的分值;同时,明确了与各一级指标相匹配的评价主体,选择了合适的评价方法,并开发了简易评分工具,为评价工作的顺利进行提供了有力保障[1]。高等体育院校网球专选班学生学习质量评价体系的构建,不仅是一项科学严谨的工作,更是一项富有创新性的探索。该研究以四所高等体育院校为实证案例,采用层次分析法构建了相对合理的评价体系,为今后的研究提供了宝贵的经验和启示。当前,高等体育院校网球专选班学生学习质量评价仍面临诸多挑战和问题。应认真学习和贯彻《纲要》的精神和要求,加强对现代教育评价理论的学习和研究,不断提高自身的专业素养和理论水平。同时,还应加大对学生学习质量评价体系的改革力度,不断优化评价内容、评价主体和评价方法,使之更加符合时代发展的需要和人才培养的目标。在未来的教学实践中,这一评价体系有希望付诸实践,并经过不断地检验和完善,推动高等体育院校网球专选班学生学习质量评价工作的深入发展。

  张钦枝研究认为,体育教育专业学生的体育素养评价指标体系由六级架构构成,包括一级指标 6 个、二级指标 21 个,细化的三级指标高达 65 个。这一体系的构建,充分展现了对学生体育素养的全方位考量[2]。在各级指标中,一级指标的权重分布凸显了体育教育的核心要素。其中,体育意识被赋予了最大的权重,彰显了它在体育教育中的重要地位。紧随其后的是体育知识、体育品德、体育行为、体育技术与能力以及体质健康水平,这些方面共同构成了体育教育专业学生体育素养的核心内容。值得一提的是,体育教育专业学生体育素养自评量表的设计极为精巧,其信效度极高。这一量表不仅能够方便快捷地让体育教育专业的学生了解自身的体育素养水平,还能帮助他们清晰地认识到自己在体育素养方面的不足之处。这种自我认知的提升,有助于学生后续进行精准的自我训练,从而更有效地提高体育素养。因此,这一量表无疑是检验体育教育专业学生体育素养水平的重要工具。通过应用体育教育专业学生体育素养评价体系,我们可以对南京体育学院体育教育专业学生的体育素养进行深入的了解。结果显示,学生们的自我评价普遍处于良好等级,但在已建立的指标体系中,体育知识维度的发展稍显滞后。在体育技术与能力维度上,学生们的失分情况最为严

---

[1] 邢书豪.高等体育院校网球专选班学生学习质量评价体系构建[D].成都:成都体育学院,2020.
[2] 张钦枝.高校体育教育专业学生体育素养评价指标体系建构与应用研究[D].南京:南京体育学院,2022.

重，其次是体育知识维度、体育行为维度、体育品德维度及体育意识维度。这些方面都是南京体育学院体育教育专业学生体育素养提升的关键所在，为今后的教学工作指明了方向。

何毅等研究认为，体育学习评价在学生学习成效的衡量、教师教学策略的优化以及课程设计的完善中，占据举足轻重的地位，其重要性无可争辩[①]。面对如何精准且高效地评估学生体育成绩这一核心议题，教师们在进行体育教学评价时，无疑需要面对并克服诸多现实挑战。在这方面，美国的 K-12 体育学习评价体系 PE Metrics（以下简称 PEM）以其独特的标准化参照模式，为我们提供了宝贵的启示。该体系不仅精心设定了一系列具体而详尽的绩效指标与量规，还巧妙地融入了最新的测试理论，使得评价结果能够得以科学整合，并具备了高度的可转换性与灵活性。这一创新不仅极大地丰富了评价的内涵，更为教师们在制定个性化评价工具时提供了坚实的理论支撑与实践模板。尤为值得一提的是，PEM 评价体系还进一步推动了评价方式的现代化进程，通过开发专门的在线网站，为教师们提供了一个便捷、高效的辅助评价平台。这一举措不仅极大地减轻了教师们的工作负担，更使得评价过程透明、公正，从而有效促进了体育教学评价体系的整体优化与升级。综上所述，美国 PEM 评价体系的成功经验，无疑为我国体育教学评价体系的建立与完善提供了宝贵的参考与借鉴，应当积极吸收其先进理念与技术手段，结合我国体育教学的实际情况，努力构建出一套既符合国情又具有国际视野的体育教学评价体系，以推动我国体育教育事业的蓬勃发展。

综上所述，国内研究者们对体育学习评价进行了全面而深入的研究，涉及评价内容、方法和体系等多个方面。从运动参与、运动技能、身体健康、心理健康、社会适应这五个领域来划分一级指标，不仅逻辑清晰，而且具有广泛的认可度。他们普遍认为，体育学习评价应追求全面性和多元化，不应仅局限于学生的学习成果。基于这一共识，他们提出了一系列富有建设性的建议，旨在构建多向度的评价内容体系、多元化的评价主体结构、多样化的评价方法以及系统化的评价过程。这样的评价体系不仅更具操作性，而且能有效体现体育学科的核心素养，为学生的全面发展提供有力保障。

三、关于高校体育学习评价的相关研究

研究相关文献资料发现，当前高校体育课程学习评价指标体系存在一系列

---

① 何毅，董国永. 美国 PEM 体育学习评价体系研究[J]. 首都体育学院学报，2018，30(6)：537-541.

亟待解决的问题。在评价内容上,过分偏重于身体技能的考查,而忽视了学生情感态度的培养;在评价主体上,教师往往占据主导地位,学生的声音则相对微弱;评价形式方面,过度关注总结性的成果评价,而对形成性评价的重要性认识不足;在评价结果的处理上,过于注重等级划分,而对反馈与改进的重视不足。虽然众多学者已经对这些问题提出了诸多建议,但多数观点还停留在宏观理论层面,缺乏具体、可行的操作策略,使得这些建议在实际操作中难以发挥有效的指导作用。然而,不可否认的是,这些研究成果为高校体育课程学习评价的改革与发展提供了宝贵的理论支撑和借鉴经验。此外,通过综合当前的研究,发现针对高校构建体育课程学习评价指标体系的研究仍然相对较少。这意味着对这一领域的探索还有很大的空间,需要更多的学者和教育工作者共同努力,以期构建一个更加科学、合理、全面的体育课程学习评价指标体系。

由图 2-6～图 2-9 可以看出,高校体育学习评价相关研究分布相对均匀,每年发文量约 10 篇;352 篇期刊文献中,主要主题为"学习评价""高校体育课程"

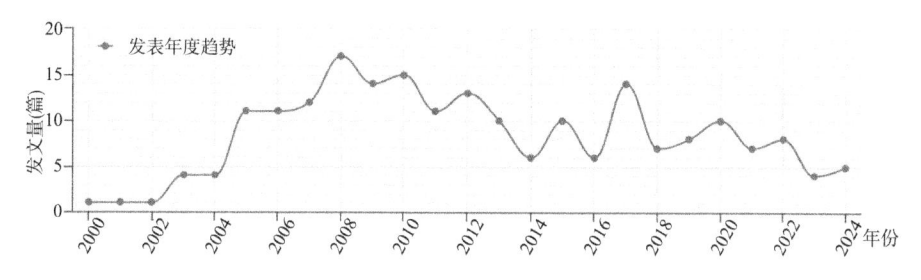

图 2-6　发文量图(高校体育学习评价)

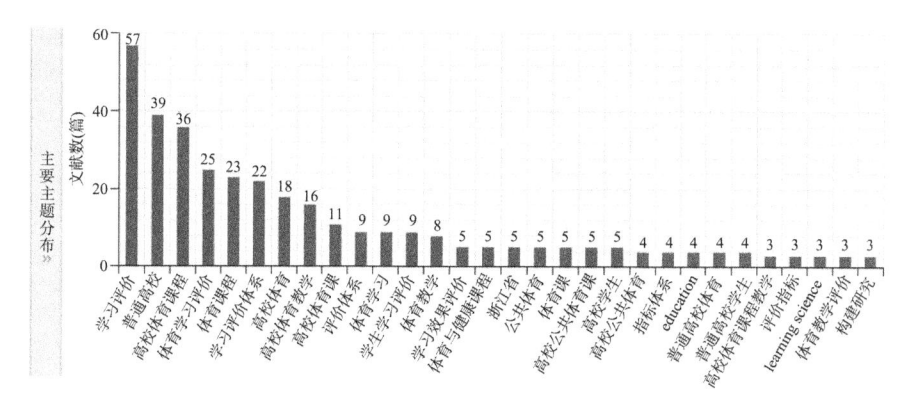

图 2-7　主要主题分布图(高校体育学习评价)

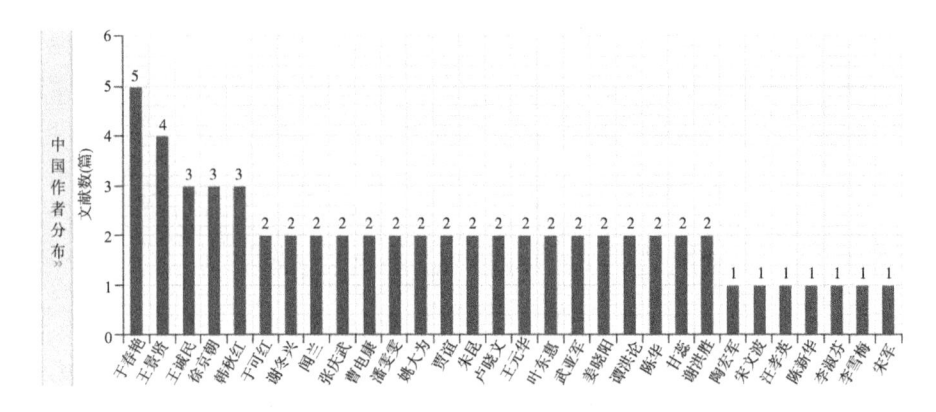

图 2-8　作者分布图(高校体育学习评价)

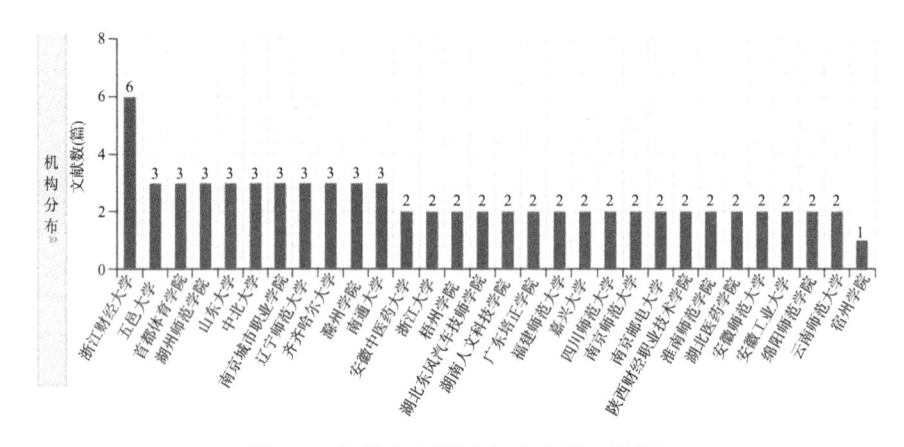

图 2-9　机构分布图(高校体育学习评价)

"体育学习评价""高校体育教学""学习评价体系"等;体育学习评价研究领域,高产作者为于春艳、王景贤等;研究机构主要有浙江财经大学、五邑大学、首都体育学院、湖州师范学院、山东大学等。

1. 高校体育学习评价方法的深入探讨

在普通高校体育学习评价中,方法与内容相互映照。评价方法的选取,需紧紧贴合评价内容的特性,以确保评价的有效性和准确性。针对不同的评价内容,应灵活采用多样化的评价方式,使教学评价与学习评价紧密相连。同时,要重视效果与过程的评价,以及课堂与课外评价的有机融合,确保评价能够按照既定的步骤有序进行,进而达到目的与效果。薛晓冬研究认为,在选择体育学习的评价方法时,首先要关注的是这些方法是否能真正实现体育教学的既定目标。那些能精准契合教学目标、确保教育成果的评价方法,方可被视为科学与高效之典范[①]。同时,亦需全面考量评价方法的现实可操作性,以及体育教师所面临的工作压力。一个既简便易行,又能妥善平衡教师工作负担与效果的评价方法,方能拥有持久的生命力,否则,其终将因缺乏实用性而被广大体育教师所淘汰。因此,在选择评价方法时,不要被新颖或潮流所迷惑,而应坚守"真实性"、"可操作性"与"有效性"。可以从多角度对评价方法进行分类,并依据具体评价需求进行精准选择。在整合处理评价结果时,可以采取定量与定性评价相结合的策略,以全面、深入地反映体育教学的状况与成果。可以灵活运用安置性评价、形成性评价、诊断性评价和总结性评价等多种评价方法,以适应不同阶段的评价需求。随着体育学习评价改革的深入,定量与定性相结合的评价方法逐渐展现出其独特的优势。这种方法不仅综合考虑了多因素、多视角,还避免了过度依赖统计数据,充分关注人本身,能够从更多角度、更全面地认识评价对象,实现整体性的综合评价。在设计评价方法时,要注重其可操作性,特别是在技能评价表及评价标准的制定上,应充分重视过程性评价,使学生能随时了解自己的学习进展,同时也让教师能及时了解教学目标的达成情况,以便调整教学策略。学生互评体现了主体多元评价的理念,进一步凸显了学生在评价过程中的主体地位。学生互评成绩主要用于自我了解和与同伴比较,以激发学生们的学习动力。而教师的评价则更为公正、客观,其评价成绩将纳入学生的综合成绩,确保体育成绩的准确性。教师在单元结束时对全班进行评价的方式,既减轻了教师的工作负担,又提高了评价的可操作性。评价标准的制定则起到了至关重要的指导、监督与检验作用,有助于更好地检验教师的教学效果以及判断学生技能的掌握程度。

史海燕研究指出,高校体育与健康课程运动参与学习评价方法构建了包含26项具体指标的运动参与学习评价体系,覆盖多个维度,确保评价内容的系统性和全面性。该体系倡导评价主体包括学生自我评价、学生间相互评价及教师评价,多角度反映学习表现,确保评价公正性。教师主体地位淡化,学生地位上升,体现评价主体的多元化趋势。该研究提出观察法、成长记录法、技能评定法和问卷调查法等多种方法,有效反映学生真实的学习状况;构建系统化评价方法体系,强调评价的反馈和激励作用,关注学生身心发展和个体差异,实现教育评价的公正性与功能性。一线体育教师应根据评价需求灵活选择指标,准确反映

---

① 薛晓东.中小学体育与健康课程多元化体育学习评价的操作性构想[D].南京:南京师范大学,2012.

学生客观学习状况,达到评价目的。建议引入多种评价主体形式,如学生自我评价、学生间相互评价等,全面反映学生的潜能和优势,为学生未来发展提供准确定位。在教学评价中,应根据评价指标选择合适的方法,并综合运用多种评价方法,全面、准确地评价学生的多维度表现,发挥评价反馈和激励功能,促进学生全面发展和个性成长[①]。

胡曼玲研究指出,体育学习评价的方法多种多样,应选用恰当的评价方法,恰当的评价方法乃是提高评价效果的关键[②]。要依据评价的目的和内容,建构多样化的评价模式。如对学生学习态度的评价,除进行上课出勤考查外,也可通过考查学生平时身体练习的状态进行观察性评价,还可通过研究学生对待教学活动的行为态度进行定性评价。对体育健康知识掌握的评价,可通过学生的体育知识作业,专项理论测验,体育认知交流,知识点的网络搜集、整理、分析等方法进行评价。对运动技能的评价,可通过课堂教学中自评、互评、师评相结合的方式,进行过程性评价;也可通过运动技术技能评定与成绩测验,进行总结性评价;还可通过观察学生参与教学比赛时的技术战术、竞争意识、意志情感、体育作风等表现进行综合评价。总之,面对不同评价内容,要采用不同的评价方法,在评价时要注意教学评价与学习评价相结合、效果评价与过程评价相结合、课堂评价与课外评价相结合、课堂常规评价与教学特色评价相结合,从而使评价有计划、有程序地展开,达到评价的效果和目的。在实施体育与健康教育评价过程中,各种类型的体育学习评价可以说是各具特色,而若要最大程度地发挥评价功能,最合理的办法莫过于各类评价的综合运用。如在诊断性评价、形成性评价与总结性评价三者中,以往用得最多的是总结性评价,而该评价对学生的作用却是滞后的,应该适当地发挥作为体育学习反馈信息源的诊断性评价与作为过程监控引导的过程性评价的功能。

2. 高校体育学习评价内容的研究

张庆武等指出,普通高校体育课程学习评价的内容构成了一个多维度的评价体系,旨在全面反映学生的学习状态和成果。它不仅要求考查学生对基础知识和基本技术、技能的掌握情况,还强调对学生体育学习态度、情意表现与合作

---

① 史海燕. 高校体育与健康课程运动参与学习评价方法研究[J]. 继续教育研究,2009(5):159-161.
② 胡曼玲. 体育与健康课程实施中体育学习评价功能发挥及评价多元性分析[J]. 南京体育学院学报(社会科学版),2009,23(6):103-105.

精神、健康行为等多方面的评估①。从对教师开展的学生学习评价内容的调查统计中，可以清晰地看到各项评价指标的权重分布。"技能、达标成绩"作为最直观的学习成果展示，其比例高达94.3%，显示出教师对学生技能掌握的重视。紧随其后的是"课堂出勤"，占比83.0%，这体现了对学生学习态度的基本要求。而"身体素质"和"进步幅度"分别以81.1%和62.3%的比例位列其后，显示出教师对学生体能发展和学习进步的关注。然而，令人遗憾的是，"课外体育锻炼"这一指标仅占26.4%，显示出对学生课外体育活动参与度的忽视。同样，"体育理论知识"仅占17.0%，而每学期体育理论课达到4学时以上的高校更是寥寥无几（仅有3所），这明显与《纲要》所倡导的体育理论知识教学要求不符。调查结果显示，普通高校在评价内容上主要侧重于技能、技术和身体素质等显性因素，而对学生的学习态度、认知、兴趣等隐性指标方面的评价相对较少。这种评价倾向在一定程度上忽视了学生体育意识、体育态度、合作精神等因素的发展，限制了学习评价内容的广度和深度，不利于学生的全面发展。更为关键的是，在当前的普通高校体育课程学习评价中，尽管学生参与评价的比重有所增加，但教师仍占据绝对的主体地位，学生在评价过程中往往处于被动状态。这种评价模式不利于激发学生的学习兴趣和主动性，也影响了评价结果的客观性和公正性。因此，有必要对普通高校体育课程学习评价的内容进行反思和调整，确保评价内容全面、合理、科学，既能够准确反映学生的学习状态和成果，又能够激发学生的学习兴趣和主动性，促进学生的全面发展。

侯建鹏研究认为，教学质量评价，其核心在于评价指标与评价方式的紧密结合。不同的评价方式有时会在无形中弱化、淡化某些评价指标，甚至因个别指标的过分强调而忽视了其他同样重要的指标②。以哈尔滨师范大学公共体育课程为例，当教学质量评价与利益紧密挂钩时，过于细化的评价指标可能会成为"双刃剑"。一方面，它使评价更加精确；但另一方面，也可能使评价主体陷入琐碎的细节之中，从而掩盖了提高教学质量这一根本目标。从学术角度来看，教学质量评价指标的细致划分、体系的建立和完善，以及教学规律的探讨，无疑是至关重要的。然而，这一切必须与具体的教学实践和各学校的实际情况相结合，否则，可能会对教学质量的提升产生阻碍。换言之，教学质量评价指标体系的构建应

---

① 张庆武,彭小雷,许大胜.普通高校体育课程学习评价的调查研究[J].通化师范学院学报,2016,37(4):97-99+125.

② 侯建鹏.普通高校公共体育课程教学质量评价问题与对策研究——以哈尔滨师范大学为个例[D].长春:东北师范大学,2012.

深深植根于具体的教学情境中,给予教师足够的自由空间和环境,以发挥他们的特长,而不是成为他们前进道路上的绊脚石。公共体育课程教学质量评价应有其独特的指标体系,不能简单地照搬其他学科或体育专业的教学质量评价方法和指标。这一体系既要完整,又不能过于详细,更不能完全依据教学理论的论述来指导具体的教学实践。它应紧密结合当前国家对人才培养的目标,以教育部出台的《纲要》提出的教学基本目标和发展目标——运动参与目标、运动技能目标、身体健康目标、心理健康目标、社会适应目标——为前提,同时依据《教育部关于进一步深化本科教学改革全面提高教学质量的若干意见》中提出的建立和完善学校、院系、教师三级质量保障体系并形成长效机制,构建符合国情与教学实际情况的完整体系。此外,还需根据各高校的办学条件和办学水平等具体情况来构建教学质量评价指标体系,既不可盲目攀高,也不能随意降低标准。

3. 高校体育学习评价指标体系的构建研究

邵莉雅研究指出,体育学习评价作为高校体育课程评价体系中的核心一环,对学生体育兴趣的激发和体育锻炼效果的提升具有举足轻重的作用。相较于中小学阶段,高校对学生的日常管理和约束显得较为宽松,这在一定程度上影响了学生良好锻炼习惯的养成,导致锻炼频次和强度相对不足。因此,可以将学生的参与度和锻炼效果纳入评价体系,使其成为推动学生积极参与体育锻炼的关键。《纲要》在指导我国普通高校体育教学大纲制定和体育课程建设方面,发挥了不可替代的作用[1]。然而,在如何具体评价学生的体育学习成效上,该纲要提供的建议尚显笼统。为了构建一套更为全面、科学的评价体系,该研究采用了文献资料法、德尔菲法、问卷调查以及数理统计等多种研究方法,以普通高校公共体育专业的学生为研究对象,深入探讨了体育学习评价的各项指标。在构建评价指标体系的过程中,首先通过文献资料法,筛选出一系列主要评价指标,剔除了非重要指标,确保了评价指标的针对性和有效性。然后,对筛选出的指标进行了细致的排版和分类,形成一个科学合理的初选指标体系。为了验证这一指标体系的可行性和有效性,研究面向10位体育领域的专家发放调查问卷,对各项初选指标进行了深入的分析和处理。经过专家们的精心指导和建议,该研究最终形成了一套完善的大学生体育学习评价指标体系。这一体系包括2个一级指标:平时成绩(权重0.461)和考试成绩(权重0.522);5个二级指标:体能(权重0.216)、运动参与(权重0.226)、运动技能(权重0.258)、运动知识(权重

---

[1] 邵莉雅.新时代大学生体育学习评价指标体系构建研究[D].淮北:淮北师范大学,2022.

0.197)以及情意表现与合作精神(权重0.192);更为细化的38个三级指标。该评价指标体系不仅有助于全面、客观地评价学生的体育学习成效,还能够有效推动学生积极参与体育锻炼,培养良好的锻炼习惯。

  邢书豪研究指出,高等体育院校网球专选班学生学习质量评价体系的构建,是建立在坚实的政策基础和深厚的理论依据之上的。《纲要》对学生学习评价的要求,为评价指标体系的构建指明了方向,提供了明确的政策依据。同时,现代教育评价理论也为其提供了深厚的理论基础,使得这一体系的构建更加科学、合理[①]。高等体育院校网球专选班学生学习质量评价体系的构建,是一项庞大而复杂的系统工程。为了确保其有效性和实用性,必须坚持导向性、系统性、操作性与发展性等基本原则,以确保学习质量评价体系既能够体现其价值,又能够展现其科学性。该研究构建的高等体育院校网球专选班学生学习质量评价体系,涵盖了网球理论知识、网球运动技能、网球运动素质、网球学习态度、实践能力以及情意表现与合作精神等六大核心一级指标。这些一级指标下,又细分为18项二级指标和52项三级指标,形成了一个全面而细致的评价体系。通过具体的评分过程,可以对每个三级指标进行量化评分,进而得出二级指标和一级指标的得分。最终,这些得分将汇总成为学生学习质量的总得分,为评定学生的学习质量提供了有力的依据。评分体系的设计科学合理,总得分是由各一级指标得分(二级指标得分乘以二级指标权重)乘以对应的权重后加和得出。为了使评价更具操作性和实效性,该研究根据所构建的评价指标体系,制定了详细的评定标准。这些标准将每项评价指标按照学生学习达成的程度划分为A、B、C、D、E五个等级,并分别赋予5、4、3、2、1分的分值。同时,该研究还明确了与各一级指标匹配的评价主体,选择了合适的评价方法,并建立了简易的评分小工具,以便在实际操作中快速、准确地进行评价。

  黄杨研究指出,通过精心设计的三轮德尔菲法专家调查,构建了体育教育专业篮球专项学生的核心素养评价指标体系。这一体系由4个一级指标构成,分别是运动实践、教学实践、社会参与和体育精神。其中,运动实践细化为篮球运动认知、篮球专项技能、运动习惯等;教学实践则包括体育教育基础知识、教学技能、组织与管理能力等;社会参与侧重于健康知识与行为、社会交往能力、责任担当等方面;而体育精神则涵盖了实践创新、体育情感、体育品格等多个维度。此

[①] 邢书豪.高等体育院校网球专选班学生学习质量评价体系构建[D].成都:成都体育学院,2020.

外,该体系还涵盖了 59 个详细的三级指标,确保评价的全面性和准确性①。体育教育专业篮球专项学生的核心素养是指学生们在学校学习后应掌握的一系列体育与健康知识,篮球教学、训练、比赛及科研能力。同时,这一核心素养也强调了学生应具备的正确精神、情感和价值观,以及社会参与和适应能力。通过 AHP 权重计算得出,在一级指标中,体育精神以 29.50% 的占比高居榜首;教学实践紧随其后,占比 25.38%;社会参与占比 23.95%;而运动实践虽然占比相对较小,仅为 21.17%,但其重要性仍不容忽视,因为它是体育教育专业篮球专项学生核心素养培养中不可或缺的一部分。在二级指标中,篮球专项技能、体育教育基础知识、教学技能、责任担当、实践创新和体育情感等指标的百分比权重较高,显示出这些方面在培养学生核心素养中的关键作用。而在三级指标中,篮球术语、篮球技术要领、篮球传球技术、篮球防守战术、坚持篮球训练、教育学知识、教学示范与讲解、教学过程管理、归纳表达能力、健康基本知识、合作与协调能力、国家认同、劳动意识、持之以恒和团队合作等指标权重较高,这些具体的能力培养对提升学生的核心素养具有至关重要的意义。

潘旭研究指出,在羽毛球课程改革的大背景下,对大学生羽毛球运动技能学习评价进行深入研究显得尤为重要②。在构建运动技能学习评价指标体系的过程中,核心素养理论是坚实的理论支撑。发展学生的核心素养,不仅是适应全球教育变革趋势的必然选择,也是贯彻党的教育政策、推动素质教育深入发展的迫切需求。同时,它也为当今教育所要培养的人才类型指明了方向。该研究在深入分析核心素养内涵的基础上,将其融入体育与健康学科的教学实践中,构建了体育与健康学科核心素养体系,并通过教学实践有效落实了核心素养理论体系,为羽毛球运动技能学习评价的发展注入了新的活力。该研究基于核心素养理论,参照《纲要》中的学习目标,从运动技能的三个维度出发,经过深入的理论研究、初选、筛选、检验等多个环节,最终形成了包含 3 个一级指标、6 个二级指标以及 20 个三级指标的大学生羽毛球运动技能学习评价指标体系及权重。这一体系的建立,为一线体育教师提供了具体的参考,使他们在教学实践中能够更加科学、全面地评价学生的运动技能学习情况。为了进一步确保评价体系的科学性和有效性,该研究还运用了 AHP 软件对羽毛球运动技能学习评价指标体系

---

① 黄杨.体育教育专业篮球专项学生核心素养评价指标体系构建研究[D].武汉:武汉体育学院,2023.

② 潘旭.基于核心素养的大学生羽毛球运动技能学习评价指标体系研究[D].大连:辽宁师范大学,2021.

中的每个指标进行了权重系数计算,并按照权重高低进行了层次单排序和层次总排序,并在此基础上,结合核心素养理论和《纲要》的相关要求,提出了羽毛球运动技能评价的具体实施计划,为体育教师在进行评价时提供实用的指导和帮助。

4. 普通高校体育学习评价主体的全面审视

在整理相关资料时,我们发现多年来大部分高校的评价方式主要依赖于教师的评价,学生则鲜少参与其中,这忽视了学生的主体地位,导致评价过于单一。在这种模式下,学生难以发挥其主观能动性,无法有效识别和处理自身在学习过程中遇到的问题,从而对其学习积极性造成了严重制约。为了更全面、客观地评估学生的学习成果和综合能力,一些学者提出了构建多元化评价主体的建议。

高斌等研究认为,应当显著加大学生的评教权重,构建一个由专家、领导、同行、学生以及教师自我构成的多元化评价主体体系。这样的设置旨在从多个维度、不同角度全面获取教学的反馈信息,以期实现评价结果的全面性和准确性[1]。然而,由于评价主体的多样性和复杂性,他们在业务素质、经验背景、价值取向等方面可能存在差异,这就有可能导致评价上的偏差和主观性。因此,对于评价者的客观性,即评分信度,必须进行严格的检验和监控。在体育教学领域,教学过程是一个以教学内容为中介,涉及师生之间、学生之间多边互动的系统活动。体育实践课的评估不仅涉及教学内容的合理安排、体育方法的科学运用,还包括身心负荷的适宜实施、体育能力的培养、思想品德教育的贯穿以及实践学习效果的强化等多个方面。体育教学过程呈现出教、学、练、育的高度统一,这完全符合我国高校体育教学的实际状况。在评价体育课教学质量时,应当摒弃那种单一的、以教师教学技能为主的评价方案,转而构建和完善一个既考虑教师教学行为,又注重学生参与度、师生互动、技术技能掌握、心理品质培养以及情绪体验等多方面的双向性评价指标体系。这样的评价体系不仅符合当今课堂教学评价改革的特点,而且能够更加科学、客观地评价教师的教学质量。

张巧语研究认为,随着教学评价改革的推进,完善教学评价体系、提高教学质量、促进学生全面发展已然刻不容缓[2]。田径运动是各项运动发展的基础,田径课程无论在中小学抑或是高校都占据着重要地位。但目前田径教学评价体系活力不足,影响教学质量的提高,培养出的人才与社会需求不相适应。张巧语采

---

[1] 高斌,徐明欣,李瑞年,等.普通高校体育教学评价的改革[J].体育学刊,2003(6):77-80.
[2] 张巧语.江苏高校体育教育专业田径专项课程教学评价指标体系研究[D].苏州:苏州大学,2023.

用文献资料法、德尔菲法、层次分析法、数理统计法等研究方法,对江苏省内部分高校体育教育专业田径专项课程教学大纲、教学内容、成绩评定方案等情况进行调查,分析江苏高校田径专项课程教学评价的主要问题,结合体育教育专业人才培养相关文件,构建出科学合理的江苏高校体育教育专业田径专项课程教学评价指标体系,以期为江苏省高校田径教学评价的发展提供参考依据。该研究得出以下结论:(1)当前,江苏高校体育教育专业田径专项课程教学评价体系大同小异。考核内容及成绩评定方案与培养目标相脱节,亟须完善。成绩评定中运动能力占比较大,忽视学生训练、科研等相关评价,未提及体育品德及社会适应能力评价;评价方式以量化考核为主,未将总结性评价与其他方式相结合;评价主体上仅有教师,未能实现评价主体多元化。(2)该研究最终确定了包含理论知识、运动能力、综合能力、平时表现4个一级指标,基础理论、技术达标、教学能力、学习态度等11个二级指标,以及掌握田径文化知识的能力、田径运动教学方法、讲解示范能力等56个三级指标的江苏高校体育教育专业田径专项课程教学评价指标体系。(3)通过层次分析法和百分比权重法得到各指标权重后发现,最重要的一级评价指标为综合能力(0.410 5),其次是运动能力(0.344 9)、理论知识(0.184 2),最后是平时表现(0.060 5)。在今后教学中教师可根据指标权重对教学内容做出相应调整,着重关注、突出评价学生综合能力素质。(4)研究后期利用模糊综合评价法进行实践应用,证明该研究构建的评价指标体系具有科学性与适用性。

李晓堃经过深入调查,发现河南省高校在体育学习考核方面存在主体单一的问题。目前,考核主体主要为体育教师,他们负责对学生多方面的表现进行评价,而学生参与评价的机会寥寥无几。这种评价模式往往带有较强的主观性,难以全面、准确地反映学生的真实水平[①]。事实上,学生之间的日常互动更为频繁,他们往往能更深入地了解彼此的学习状况。因此,教师在教学过程中应鼓励学生积极参与对自己和同伴的学习评价。根据《普通高中体育与健康课程标准(2017年版)》可知,评价主体应多元化,除了教师评价外,还应纳入学生自评和互评。然而,在实际操作中,很多学校仍主要由任课教师在每个单元结束后对学生进行考核评价。为了推动体育课程考核主体的多元化,教师应适当放权,引导学生参与评价。例如,在排球项目的评价中,可以将学生分成小组,让他们进行小组内评价或组间评价。这样不仅能提高学生的参与度和积极性,还能帮助他

---

① 李晓堃.河南省高校体育教育专业排球普修课考核评价研究[D].新乡:河南师范大学,2017.

们形成正确的评价意识,锻炼自主意识,促进其进一步成长。因此,强烈建议各个高校成立过程性考核领导小组和考评小组,确保在每个单元结束、学期末或学年末都能对学生进行全面、公正、客观的评价。这将有助于更准确地反映学生的学习状况,为他们提供更有针对性的指导和帮助。

在实际操作中,学校体育学习评价的主体形式往往呈现出自上而下的特点。现阶段主要关注学生的学习成绩和教师的教学达标率,而对于学生参与情况以及情感层面的评价相对较少。这有待于进一步改进和完善,以更全面地评估学生的学习成果和发展状况。

四、关于排球学习评价的相关研究

由图2-10～图2-12可以看出,每年关于"排球学习评价"的论文发表数量相对较少;39篇期刊文献的主要主题为"高校排球教学""指标体系""运动技能学习评价"等;研究排球学习评价的学者有姜勇、赵洪波、张军、朱昆、郭霞、潘兵、罗俊波等;研究机构主要有辽宁师范大学、广西教育学院、河西学院、郑州大学等。

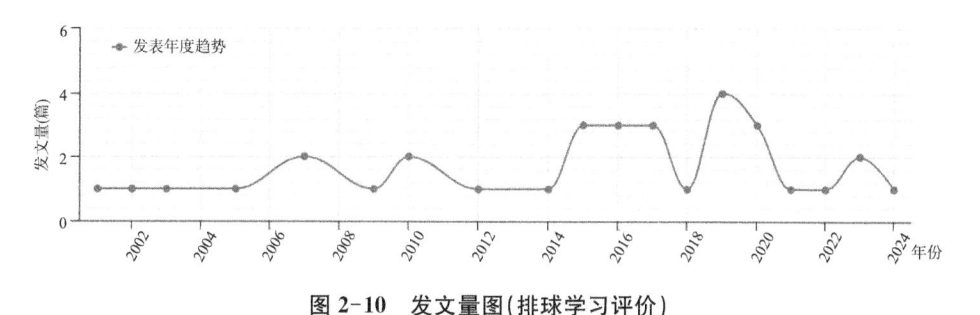

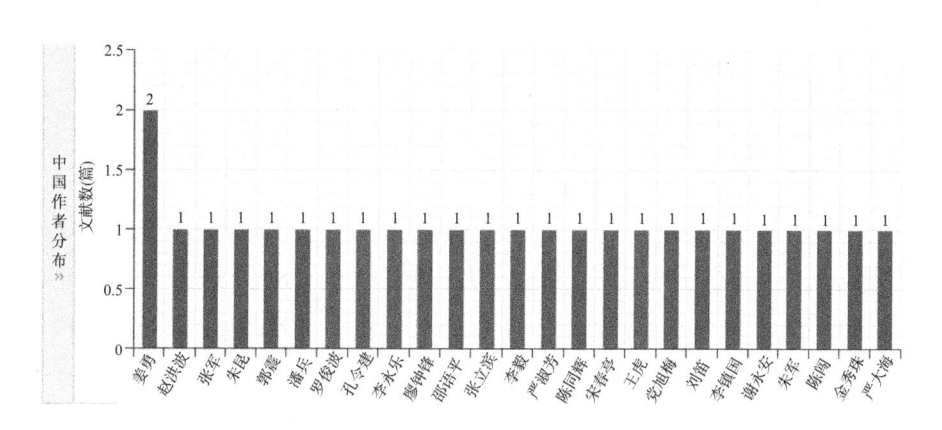

图2-10 发文量图(排球学习评价)

图2-11 作者分布图(排球学习评价)

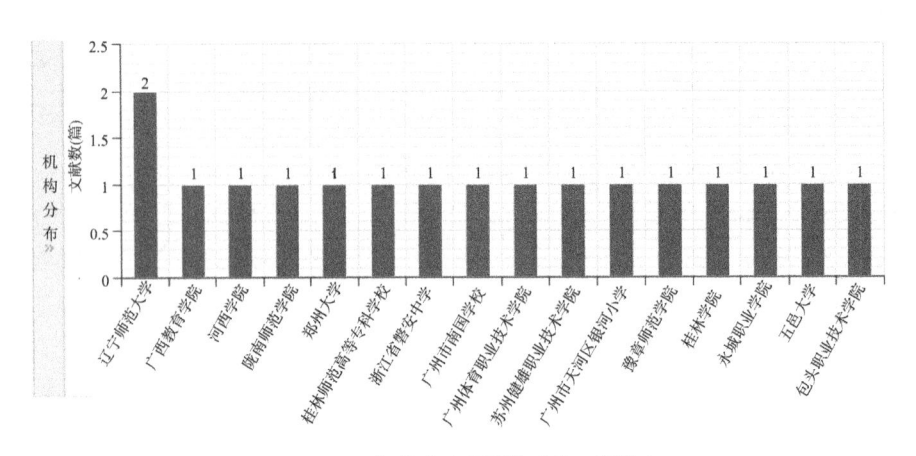

图 2-12　机构分布图(排球学习评价)

1. 排球学习评价现状的研究

冷赛研究认为,青岛市的普通高校在大学生排球课程设置方面,虽然课时数基本满足了学生的学习需求,但深入观察发现存在以下问题[①]。首先,教学标准似乎相对较低,学习内容相对单一,缺乏多样性和深度,课程类型也相对较少,未能充分覆盖排球运动的各个方面。其次,考核手段不够完善,无法全面评价学生的学习成果和排球技能。而使用的教材也仅限于满足初级学习者的需求,对于想要进一步深入学习的学生而言,显得力不从心。在青岛市普通高校的排球课程实施情况方面,组织形式虽然相对合理,但教学手段显得单一,缺乏创新和多样性。同时,师资配备上排球专业的高职称、高学历教师较少,这在一定程度上限制了排球课程的深入发展。教学资源的匮乏,也使得排球课的普及开展面临一定困难。值得一提的是,青岛市普通高校的大学生在学习过程中表现出了较强的学习欲望,他们对排球运动有着明确的学习目标,学习态度也十分端正。但研究也发现,学生们在学习主动性和积极性方面还有待提高。为了提高排球课程的学习效率,帮助学生掌握更全面的排球技能,并进一步改善排球课程的教学现状,提出以下建议。首先,教学部门应重视和加强排球课程建设,根据学生的学习需求,制定更高的教学目标,增加"趣味排球"方面的教学内容,加强排球俱乐部建设,改革排球课程学习评价标准,进行综合评价。其次,各高校应从改善课程教学条件方面着手,加强对排球课程教师的培训与管理,引进具备排球教学研究能力的高职称、高学历专职教师,增配一定量的排球教学场地和器材设施。

[①] 冷赛.青岛市高校排球课程开展现状的调查[D].北京:北京体育大学,2012.

最后，教师应加强对学生的学习引导，在敦促学生学习排球技术技能的同时，重视培养学生对排球课程的兴趣，引导学生在学习排球课程前做好准备工作，保持较高的学习积极性和主动性，养成良好的学习习惯，为终身体育观念的形成奠定基础。

郭斌研究认为，排球项目是我国的体育强项，深受学子喜爱，排球课在高校体育课程中占据重要地位[①]。排球运动能提升学生身体素质，培育其吃苦耐劳的精神和爱国情感。排球运动倡导的协作与团队意识备受社会推崇，其综合运动价值与乐趣能满足人们的多元化期待。国家重视学校体育，2016年《国务院办公厅关于强化学校体育促进学生身心健康全面发展的意见》指明了学校体育的改革方向，坚持课堂教学与课外活动相衔接，坚持培养兴趣与提高技能相促进，坚持群体活动与运动竞赛相协调，坚持全面推进与分类指导相结合。在此背景下，研究调查山西省高校排球运动现状，结合终身体育与全民健身的理念，推动体育课程改革；对振兴排球运动、提升学生兴趣、丰富校园文化、推动精神文明建设具有指导意义。研究采用文献法、访谈法、问卷法及统计法，剖析山西省高校男生排球选项课现状。数据分析揭示了教学方面的不足，如场地基本满足要求但教材陈旧、考核不够人性化、宣传不足。研究针对问题，提出改革设想：人性化开发排球课程，灵活教学策略；建立以学生为本的评价体系，多元化考核；充实教材，分层次教学；课内外一体化模式，营造体育氛围；利用媒体传播排球文化，拓展教学边界；发挥竞赛激励作用，激发参与热情。这些措施将促进山西省高校排球选项课健康发展。

肖百平研究认为，在深入调查北京市普通高校排球课的教学过程中，大部分学校都在积极贯彻执行《纲要》的精神，尤其是在教学过程中注重培养学生的自我评价能力。然而，尽管这一理念得到了一定程度的体现，但在实际操作中，仍存在一些问题。选修排球课的学生对排球运动的兴趣浓厚，他们在学习中的热情是显而易见的，但在自我评价的应用能力、意识和水平上，学生仍需进一步的提升[②]。他们渴望将对自己的评价纳入期末考核成绩中，但现行的考核评价方式似乎未能完全满足这一需求，两者之间存在一定的矛盾。此外，研究注意到，学生在自我评价时往往只关注技能方面的评价，而忽视了社会适应、进步程度、情感态度等更为全面的评价内容。这些方面的评价对于学生的全面发展至关重要，需要得到进一步的重视。在评价方法上，学生不仅在情感、态度方面缺乏相

---

① 郭斌.山西省普通高校排球选项课教学现状与对策研究[D].北京：首都体育学院，2018.
② 肖百平.北京市普通高校排球课教学中学生自我评价应用现状与影响因素[D].北京：北京体育大学，2007.

应的评价意识和方法,技能方面的自我评价也缺乏有效的方法,这增加了他们在自我评价过程中的难度。此外,高校排球选项课的理论课教学内容相对较少,且缺乏系统性,授课时数也较少,这导致学生的理论知识不够丰富,从而在一定程度上限制了他们自我评价能力的培养和应用。影响学生自我评价的因素是多方面的。主观上,学生的兴趣、动机等因素会对其自我评价产生影响;客观上,教学或学习方法、模式、场地器材等也会对学生的自我评价产生一定的影响。这些因素之间相互影响、相互联系,共同作用于学生的自我评价过程。

2. 排球学习评价模式的研究

张伟在《普通高校排球选项课学习评价模式的设计与实验研究》中指出,在普通高校体育学习评价中,采用评价主体、内容和方法的多元化模式显得尤为恰当。这种评价方式不仅促进了教师教学方法的改进,更有助于学生的全面发展,特别是在身心这两方面。它实现了体育课程的核心价值,即不仅塑造健康的体魄,更培育健全的心灵[①]。在体育学习评定中,将学生学习进步幅度纳入成绩评定,不仅必要,而且可行。此举满足了学生的心理和情感需求,进一步激发了他们的学习动机,提高了教学效果。同时,它符合教育的目的,与学生的身心发展需求相契合,实现了评价内容与学生需求的统一。这种评价方法具有广泛的适用性,不同群体、不同运动项目都能根据各自的特点制定合适的评价常模。自评和互评使学生能够更深入地了解自己的学习情况,不再被动地接受教师的评价。研究显示,这种评价方式使学生练习的自觉性显著提高,学习中的互助、互教、互励更加积极。这种变化为学生今后的学习提供了强大的动力。体育成绩评价观念应逐渐从注重技术向注重身心健康转变。教师应关注学生的评价感受,因为这种感觉会影响学生对生活的态度、情感体验和运动欲望。在教学中,教师应关注学生的发展和需求,帮助他们实现目标,获得成就感,从而培养学生对运动的终身热爱,促进身心全面发展,更好地实现育人目标。体育课成绩评价的内容应与教学任务相一致,实行全面综合评价,并突出增强学生体质的根本任务。评价标准和方法应做到三个"必须":必须准确反映学生个体差异,必须真实体现学生在教学中的进步,必须有效发挥教育的监督作用。虽然这种学习评价模式对教师的教和学生的学都有积极作用,但也增加了教师的工作量。因此,建议开发一套计算机成绩记录和计算程序,以减轻教师的工作负担,提高评价效率。

石晴晴研究认为,排球运动在增强学生体魄、培养终身体育锻炼习惯以及推

---

① 张伟. 普通高校排球选项课学习评价模式的设计与实验研究[D]. 武汉:武汉体育学院,2006.

动高校体育事业蓬勃发展方面,肩负着不可或缺的责任与使命①。鉴于排球运动受人数、场地条件等多元因素的制约,如何有效提升排球课程的教学成效,确保学生获得充分的锻炼效益,已成为当前高校排球教学领域亟待破解的核心议题。随着教育改革的不断深化,我国高校体育教学体系正逐步趋向科学化与系统化。其中,课内外一体化教学模式的兴起与普及,为体育教学带来了全新的视角与活力。该研究聚焦于这一创新模式,探讨其如何巧妙融合排球课堂教学与课外实践活动,通过教师的精心指导激发学生的课外参与热情,进而以学生的活跃反馈反哺课堂教学,形成良性互动循环。在实验设计中,该论文选取了云南大学排球选项班的学生作为研究样本,采用"课内外一体化"教学模式,将体育教学、课外体育活动及体育竞赛三者紧密联结,旨在充分发挥学生的主体地位与教师的主导作用。实践结果显示,该模式不仅显著提升了学生的体育学习兴趣与身体素质,还在运动技能、学习态度、健康行为、合作精神及体育品德等多个维度展现出积极效应,有效弥补了传统体育教学的不足。具体而言,经过为期16周的教学实验,采用"课内外一体化"教学模式的学生群体(实验组),在身体素质上实现了质的飞跃,而传统教学模式下学生(对照组)身体素质提升幅度有限甚至出现下滑的现象,实验组学生展现出了更为显著且持续的进步。同时,在排球专项技术上,该模式促使学生掌握了更加规范与高效的发球、接发球、扣球等技术动作,并在战术配合中展现出更高的默契与执行力,技术测评与达标成绩均显著优于对照组。此外,值得注意的是,"课内外一体化"教学模式在培养学生体育品德与健康行为方面也发挥了重要作用。它强调全面关注学生体育学习过程中的各个层面,包括学习兴趣、学习态度、情意表现、合作精神以及健康行为等,相较于传统模式,更能激发学生的内在动力,促进其全面发展。该论文通过对《大学生体育与健康》课程标准进行深入解读,结合云南大学排球选项班的教学实践,验证了"课内外一体化"教学模式在提升学生运动能力、改善学生的体育学习态度、培养学生的健康行为与体育品德等方面的显著成效。这一研究成果不仅为高校排球教学改革提供了有益参考,也为我国高校体育事业的持续发展贡献了力量。

任璐璐提出,排球课程的内外一体化教学策略,不仅契合了当今高校体育教学改革的时代脉搏,还紧密贴合了学生对于强化体质、提升综合素养的深切期

---

① 石晴晴.云南大学排球选项课"课内外一体化"教学模式的实证研究[D].昆明:云南大学,2022.

望[①]。该研究对长春市高校排球运动内外一体化教学模式的现实环境进行了全面剖析,依据教育学的相关理论,充分考量课内与课外教学各自的优势与潜在不足,精心构建了包含四要素、四类型的教学模式框架。随后,通过实践验证、评估了这一教学模式的实际效果,并针对性地提出了实施策略。研究认为:(1)高校排球运动内外一体化教学模式的推行,拥有坚实的现实环境做支撑。首先,受课时限制、场地资源紧张等因素影响,传统教学效果难以满足学生日益增长的需求;其次,当前的教学考核方式较为单一,亟须优化以更全面地反映学生的学习成效;再者,尽管尚未全面实施内外一体化教学模式,但师生双方均对此抱有高度期待与支持;最后,学生在课外活动中的时间安排、形式选择及内容安排上,均展现出与课内教学相融合的良好基础。(2)在构建与实践应用方面,明确了教学模式的四要素,即教学目标、教学内容、教学评价与教学管理。教学目标围绕参与性、技能提升、体质增强、心理调适及社会适应能力五个维度展开。教学内容方面,课内教学针对基础与提高的双重目标,设计了十项核心学习内容;课外则以比赛、训练及活动为载体,同样构建了十项丰富的学习内容。教学评价则在传统评价要素的基础上,创新性地融入了技能、素质、态度、实践及理论五个方面的评价标准。同时,构建了实施管理系统、评价与生成系统及运行管理系统三大课程管理内容。此外,还根据课内与课外的互补性原则,设立了"基础+拓展"、"前奏+后继"、"先导+后继"及"主导+提升"四种教学模式。通过在长春师范大学的实验班与对照班进行对比研究,发现内外一体化教学模式在激发学生兴趣、提升学习效果及培养良好排球习惯等方面均表现出显著优势。(3)教学模式的实施效果受到师生态度、教师数量、场地器材及课外排球活动等多重因素的影响。为此,该研究提出了以下实施策略:学校应提高重视程度,增加对排球教学的投入力度;加强师资队伍建设,提升教师的教学素质与创新能力;转变教学观念,打破传统的教学范式束缚,以更加开放、包容的心态推动教学创造性的不断提升。

3. 排球学习评价指标体系构建的研究

朱昆等研究的新的评价指标体系深入考量了普通高校排球选项课的课程目标,确保能够全面而精准地反映其教学宗旨[②]。在普通高校排球选项课的教学中,上手传球、垫球、发球技术作为排球项目的基石,其重要性不言而喻,

---

[①] 任璐璐.长春市高校排球运动课内外一体化教学模式的构建研究[D].长春:长春师范大学,2018.

[②] 朱昆,潘兵,孔令建.普通高校排球选项课评价指标体系的构建与实验研究[J].体育科技,2015,36(4):131-132+137.

新体系对此进行了充分的考量,确保了评价的内容效度。新评价指标体系不仅实现了对学生排球学习结果的评估,更贯穿了学生排球学习的每一个环节。这种全方位的覆盖使得评价更为全面、合理,能够更准确地反映学生的学习状态与成长轨迹。新体系还特别注重对学生小组集体学习的评价,这一创新方式不仅锻炼了学生的团队协作能力,还激发了他们的竞争意识,使他们在团队中共同成长,共同进步。更值得一提的是,新评价指标体系依据教学进度和学生水平,精心设计了一系列简单易行的教学比赛项目。这些项目不仅提升了学生的排球技术水平,还极大地激发了他们的学习兴趣,使技术学习、运用与兴趣培养形成了一种良性循环。在这种模式下,学生参加排球学习、锻炼的热情日益高涨。新评价指标体系还鼓励学生积极参与学习评价,使他们成为评价的主体。通过学习评价,学生可以清晰地看到自己的进步,也能在与同学的比较中发现自己的优势和不足。这种评价方式主要集中在运动习惯、进步幅度、协作能力等主观评价领域,让学生真正成为课堂学习的主人,具有积极的激励与导向作用。

李晓堃研究认为,高校学生考核评价,作为教学评价体系中至关重要的基石,深深植根于教学内部发展的规律之中,与人才培养的宏伟蓝图紧密相连[1]。它巧妙地运用现代教育评价的先进理念与方法,对学生学习成效进行既科学又富有深意的评判。这一过程,既是知识的试金石,更是对教学质量与学生学习状态进行深刻洞察的窗口。考核评价犹如一面晶莹剔透的镜子,清晰地映照出教学中的闪光点与待改进之处,为学生提供了宝贵的即时反馈,是推动高校教学质量不断攀升的不可或缺的力量。排球普修课不仅是提升学生综合体育素养的重要途径,更是我国排球事业后备人才培养的坚实基石。该研究聚焦于河南省高校体育教育专业的考核评价,通过多维度、深层次的研究方法——文献资料的深度挖掘、问卷调查的广泛覆盖、数理统计的精确分析以及比较分析法的独到见解——从教师与学生的双重视角出发,对考核评价的现状与挑战进行了全面而深入的剖析。在深入研究与专家访谈的坚实基础上,该研究借助德尔菲法对初步拟定的考核指标进行了严格的筛选与精细的优化,最终构建了一个全新的高校体育教育专业考核评价体系。这一体系,既精准地把握了教学大纲的精髓,又全面考量了学生的基本能力,力求在理论与实践、技能与素养之间找到最佳的平衡点,实现学生的全面发展。然而,这种深入调研也揭示了现行考核评价体系存

---

[1] 李晓堃.河南省高校体育教育专业排球普修课考核评价研究[D].新乡:河南师范大学,2017.

在的不足;尽管在理论与技术考核方面已相对成熟,但对学生基本能力的关注仍有待加强;教师与学生在评价标准上的认知差异,导致学生的满意度不高,有必要对体系进行调整与优化;此外,评价内容的单一性以及过分依赖总结性评价的问题也亟待解决。针对上述问题,研究提出了构建新型考核评价体系的策略:首先,要强化考核评价的功能性,树立发展性的评价理念,将评价的焦点从单一的结果转向学生的潜能与成长过程;其次,要丰富考核评价的内容,特别是加强对学生基本能力的考察,以促进学生综合素质的全面提升;最后,要采用多样化的评价手段,将形成性评价与总结性评价有机融合,实现对学生学习过程的全面跟踪与及时反馈。经过三轮德尔菲法,该研究最终确立了包含4个一级指标、16个二级指标、46个三级指标的全新考核评价体系。同时,运用秩和运算法科学计算各指标的权重,确保了评价体系的公正性、合理性与有效性。这一系列研究成果不仅为河南省高校体育教育专业的考核评价提供了新的视角与思路,更为全国范围内同类专业的评价体系改革提供了宝贵的经验与借鉴。

黑乃林研究认为,对于体育教育专业的学生而言,排球普修课的运动技能评价不仅是对他们排球技能掌握与应用能力的价值判断,更是对他们学习成果的一次全面检验[①]。研究立足于运动技能学习目标,并充分考虑体育教育专业的特性,精心构建了甘肃省高校体育教育专业排球普修课程的运动技能评价体系。此体系的应用,旨在全面、客观地评价体育教育专业学生的排球技能水平,使他们能够清晰地认识到自身的长处与短处,从而明确未来努力的方向。这一体系的建立,对提高体育教育专业学生的排球运动技能水平具有深远的意义。该研究在构建评价体系时,结合了相关领域的专业知识,并采用了德尔菲法,经过两轮筛选确定了评价指标。这些指标基本涵盖了体育教育专业排球普修课程运动技能的学习内容,确保了评价体系的全面性和针对性。同时,利用层次分析法确定的各指标权重,使评价更加科学合理。因此,这一评价体系具有显著的客观性和科学性,为甘肃省体育教育专业排球普修课程运动技能的评价提供了充分的科学依据。甘肃省高校体育教育专业排球普修课程运动技能评价体系包含4个一级指标、11个二级指标、35个三级指标。其中,基本技能在评价体系中占据最大比重,其次是教学能力,再次是基本知识和安全意识。这一设置充分反映了排球普修课程的核心要求。同时,评价体系还确定了教师评价、学生互评、学生自

---

① 黑乃林.甘肃省高校体育教育专业学生排球运动技能评价体系构建研究[D].兰州:西北师范大学,2021.

评三种评价主体,以确保评价的全面性和公正性;在对评价体系进行实证应用时,选取了实验对象进行实践检验;计算实验对象最后的成绩并反馈给教师和学生,得到了双方的认可。他们均表示,这一评价体系能够准确地反映他们的掌握程度,具有较高的可操作性和可行性。这一实证结果进一步证明了评价体系的有效性和实用性。

第四节　研究述评

综上所述,各国的体育教学评价体系虽各有千秋,但核心的发展趋势却殊途同归,即强调过程性与个体评价的并重,追求评价内容的多元化与评价方法的多样化,并注重定性与定量评价的深度融合。尽管我国体育学习评价研究起步较晚,但在广大教育工作者和学者的不懈奋斗下,已在评价理念上达成了较为一致的共识。这一共识聚焦于对学生个体差异的尊重、评价主体的多元性,并将总结性评价与过程性评价相结合,同时重视非认知因素(如学生的情感态度)的评价。

然而,必须看到我国现行的体育学习评价指标体系尚存在针对性不足的问题,难以对细分领域进行精确评价。在高校教学评价中,一个显著的不足是对"教"的过度关注,而对"学"的评估则显得相对薄弱。教学评价工作往往更侧重于满足外部标准与要求,却在一定程度上忽视了教学质量的核心——学生的成长与发展。对优秀教学理解的偏差与评价理念的滞后,正是导致这一不足的根本原因。同时,也不应忽视特定政治体制和既定政策模式给教学评价带来的独特影响。

为了改进高校教学评价,必须深入探索大学教学的本质及其评价的核心。需要重新审视并强调学生学习在大学教学及评价中的核心地位。因此,构建以学习为中心的高校教学评价体系,不仅与国际高等教育评价理论与实践的发展趋势相契合,更是摆脱当前我国高校教学评价现实困境的关键所在。这一体系的建立,将助力更全面、更客观地评价教学质量,真正关注学生的成长与发展,从而推动高校教育不断向前发展。在整理国内普通高校体育选项课学习评价指标体系构建的过程中,可以看到针对排球项目的研究相对较少。当前的研究多集中在学习评价的现状和理论层面,如评价方式、评价主体、评价方法和评价内容等。然而,对于发现学生在课程学习中的问题与不足,评估学生在各指标领域的表现和学习效果,以及将评价结果反馈给师生以促进教学改进和学习提升等方面,尚显不足。这提示我们,在未来的研究中,应更加注重对实际教学过程中学生学习情况的深入探索与细致分析。

第三章

研究对象与方法

第一节　研究对象

以普通高校排球选项课学习评价指标体系的构建为研究对象。

第二节　研究方法

一、文献资料法

利用国内外学术数据库和图书馆藏检索相关文献,主要包括 Science Direct、ProQuest、中国期刊全文数据库(CJFD)等,以"普通高校""排球选项课""学习评价""指标"等为自由检索词或关键词,检索时限为 2000 年 1 月至 2024 年 8 月,筛选出与本研究相关的书籍、期刊论文、学位论文。通过对获取的资料进行整理、归纳,了解高校排球领域的研究进展,为本研究的顺利开展提供可靠的理论依据与支撑。

二、专家访谈法

首轮访谈开始时间是 2023 年 6 月中旬,访谈方式是面谈和电话访谈的非结构化访谈模式,对从事体育教学评价和排球课等方面研究的专家、教授进行访谈,访谈重点是专家对高校排球课程发展现状、排球课程学生学习评价的实施现状及发展的看法和意见。在 2024 年 3 月进行第二轮访谈。本次访谈的对象是参与本次调研的 6 所学校的相关领导、体育组长和教师以及学生等,访谈的重点是问卷所反映出来的问题,目的是对问卷调查反映出来的问题进行二次回访得出原因。

三、问卷调查法

研究初期,我们阅读了大量关于排球选项课的文献,收集与本研究主题相关的热点问题,与相关专家积极交流并采纳其建议后,初步完成《排球选项课学习评价表》的设计;随后采取与部分专家面谈的方式进行问卷的预调查,根据问卷预调查中所获得的问题对问卷进行校对与修改,得出问卷的最终稿。在问卷发放前,邀请11位排球研究领域的专家对问卷内容、结构、整体进行效度评价,评价标准为"非常合适"、"合适"、"一般"、"不合适"和"很不合适"。其中,对问卷内容的评价,将专家认定率在80%以上的项目予以保留,低于20%的予以剔除,并且针对专家提出的问题及建议对问卷进行修改与补充后,进行第二次效度检验,以确保问卷的真实性、有效性。

四、德尔菲法

德尔菲法本质上是一种反馈匿名函询法。其大致流程是在对所要预测的问题征得专家的意见之后,进行整理、归纳、统计,再匿名反馈给各专家,再次征求意见,再集中,再反馈,直至得到一致的意见[1]。在深入本研究的过程中,首要依托的是扎实的评价理论框架与最新的政策性文件导向,同时广泛搜集并整合了排球领域的各类文献资料。通过细致剖析排球项目的独特魅力与普通高校中排球选项课学生的鲜明特征,初步勾勒出了一套针对普通高校排球选项课学习成绩的评价指标框架。随后,采取了线上与线下并行的多元化方式,向在体育教育、排球教学领域内享有盛誉的11位专家组成员发出了诚挚的邀请。通过精心设计的问卷,广泛征集了专家们对于初步构建的评价指标体系的宝贵意见与建议。第一轮征询,聚焦于指标的增删与调整,力求使指标体系更加完善与精准。待所有问卷回收完毕,细致汇总了专家们的反馈,并对初选指标进行了相应的修改与优化。

紧接着,将修改后的指标再次以问卷形式呈现给专家们,开启第二、三轮的意见征集。在这一阶段,主要引导专家们对各项指标进行重要性评分,并运用均值与变异系数的科学方法,对部分指标进行科学合理的筛选与剔除。依据第二、三轮专家意见的综合结果,对剩余指标进行进一步的精细化调整。经过多轮次

---

[1] 黄彬彬,程思宇,张栗,等.基于德尔菲法和层次分析法的公共卫生人员卫生应急工作胜任力评价指标体系的构建[J].现代预防医学,2024,51(10):1815-1820.

的深入交流与反复论证,专家们的意见逐渐趋于一致,形成了高度共识。最终,依据专家问卷的反馈结果,确定了普通高校排球选项课学习评价指标体系中各指标的权重值,从而构建出一个既科学又全面的评价指标体系。这一体系的建立,不仅为普通高校排球选项课的学习成绩评价提供了有力的工具,也为该领域的教学改革与发展奠定了坚实的基础。

五、层次分析法

层次分析法作为一种系统而科学的研究方法,其核心在于将纷繁复杂的决策问题,依据其内在的隶属与逻辑关系,巧妙地将其划分为多个层次与构成要素。这一过程不仅融合了定量的精确计算,也吸纳了定性的深入洞察,从而为决策者提供了坚实可靠的科学依据[①]。在普通高校排球选项课学习评价指标体系构建中,AHP 的应用流程显得尤为精细与严谨。首先,依托三轮严谨的德尔菲法筛选过程,精心确定了涵盖一级、二级至三级的各级评价指标,并以此为基石,构建出层次分明、结构清晰的评价模型。随后,为了进一步明确各指标间的相对重要性,设计了详尽的判断矩阵,邀请领域内专家对此进行深入的对比分析,从而初步形成了各指标的权重分配方案。

为确保这一权重分配能够真实反映专家们的共识,采用了 SPSSPRO 网页版这一先进工具,对专家意见进行了一致性检验。只有当检验结果满足高度一致性要求(即 CR 值小于 0.1)时,才会将各专家的权重意见进行汇总,并运用算术平均数法精确计算出每个指标的最终权重值。若在此过程中发现任何不一致的情况,将立即启动调整机制,采用比例修正法、最不一致元素法等多种科学方法,对权重分配进行细致入微的调整,以确保整个评价体系的科学性与准确性不受丝毫影响。最终,还将运用乘积法对各上级指标下的分指标进行归一化处理,以进一步消除量纲差异,确保各指标间的可比性。经过这一系列复杂而精细的操作,成功构建出一个既科学又合理的排球选项课学习评价指标体系,为后续的决策与评估工作提供了强有力的支持。

六、数理统计法

采用 SPSS 23.0 对所测得的数据进行描述性统计和推断性统计。

---

① 兰小梦,潘杰,赵莉.健康示范县评价指标体系构建——基于德尔菲和层次分析法[J].中国卫生政策研究,2024,17(6):27-32.

第四章

普通高校排球选项课学习评价指标体系的构建

第一节　理论依据

一、人本主义学习理论

人本主义学习理论根植于"人乃完整之存在"的深刻洞察，它宣扬人在学习过程中的主体性，视学习为一场深刻的自我实现之旅。这一理论不仅倡导自主学习与自主发展，更将学习原则的核心凝练为赋予学生自由学习的空间，让学习过程深深烙印上个人的意义与色彩。在这一理论的璀璨星空中，美国心理学家罗杰斯（Carl Ransom Rogers）无疑是最为耀眼的星辰[1]。作为美国心理学会的领航者及加利福尼亚西部行为科学研究所的杰出研究员，罗杰斯于20世纪中期先是以"患者中心疗法"照亮心理治疗之路，继而以"自我理论"深刻剖析个性及其变迁的奥秘。1969年，他更以《自由学习》一书，为人本主义学习观与教学观搭建了坚实的理论桥梁。

罗杰斯所倡导的"意义学习"，是人本主义精神在教育领域的一次华丽绽放。它根植于激发个体潜能与追求自我实现的沃土，倡导一种全然自由、自主的学习范式。在这种学习中，学生得以依据自身兴趣与需求，自主选择学习内容，实现"本体主动地自我学习"。这一过程不仅是知识的积累，更是情感的共鸣、态度的转变与自我价值的实现。罗杰斯深信，意义学习不仅关乎认知的深化，更触及情感的波澜，它影响着学习者的态度、认知、情感、行为乃至生活，是推动个性化发展的不竭动力。

大学生学习过程评价的哲学基石，正是人文主义的世界观与方法论[2]。这一评价体系，既关注学习成果的事实维度，又重视其价值意义；既审视客观现象，又深入探究动机、情感、信念、意志等主观精神领域。评价过程中，学生作为评价主体的地位得到彰显，评价功能得以充分发挥。而评价方法与手段则更加注重直观感受、自我反思与积极体验的结合，力求全面而深刻地反映学生的学习历程

---

[1] 雷钢.人本主义学习理论对教育技术的新启示[J].中国电化教育，2010(6)：30-33.
[2] 朱永新.新教育实验二十年：回顾、总结与展望[J].华东师范大学学报（教育科学版），2021，39(11)：1-44.

与成长轨迹。

在人文主义世界观与方法论的引领下,大学生学习过程评价正展现出新的发展趋势。一是强化自我评价,鼓励学生主动参与评价过程,实现自我完善与发展;二是推行形成性评价,超越单一的分数评价,关注评价的改进与激励功能;三是注重评价者的参与,强调对学生主体感受的理解与尊重;四是深入分析个体活动的本质特征,揭示其背后的深层联系与价值;五是转变评价模式,实现定量与定性分析的有机结合,构建更加全面、科学的评价体系。

总之,人本主义的学习过程观,是一场从"自我自由"到"自主学习"的心灵觉醒[①]。它激发学习者的内在潜能,引领他们向着自我实现的目标迈进。在这个过程中,学习不再是一种外在的强加,而是一种内在的渴望与追求。教育的本质在于促进人的全面发展,而人本主义学习理论正是这一理念的生动实践。它尊重学生的个性与自由,如一缕清新的阳光,穿透了"应试教育"的阴霾,照亮了"素质教育"的康庄大道,引领全体受教育者走向全面、可持续、终身发展的美好未来。

二、建构主义学习理论

在浩瀚的学习理论发展历程中,行为主义曾一度占据主导地位,而后随着认知主义的崛起,学习理论的研究迈向了新的阶段。建构主义(Constructivism)作为一股不可忽视的力量,悄然兴起并深刻影响了我们的学习观念。这一理论的思想根源可追溯至古希腊哲学巨匠苏格拉底的"产婆术",其为一种强调智慧火花的启发式教学。

建构主义的发展历程源远流长,其中,瑞士心理学家皮亚杰(Jean Piaget,1896—1980)被公认为该领域的先驱。20世纪70年代,皮亚杰在其发生认识论中首次明确提出了认知建构观,这标志着建构主义作为一种独立的学习理论正式形成。此外,苏联的维果茨基(Lev Semenovich Vygotsky)的社会文化理论、布鲁纳(Jerome Seymour Bruner)的发现学习理论,以及斯皮罗(Rand J. Spiro)的认知灵活性理论等,均为建构主义学习理论的丰富与发展做出了重要贡献。建构主义学习观的核心在于,它视学习为一个动态且复杂的过程,这一过程不仅仅是信息的简单输入、加工、存储和提取,更是学习者在新旧经验之间不

---

① 李真.运用人本主义学习理论进行教育技术学专业实验教学改革的探索[J].中国成人教育,2009(14):98-99.

断交互、主动建构知识意义的过程。正如美国著名建构主义学者冯·格拉塞斯菲尔德(Ernst von Glasersfeld)所言:"知识不是被动吸收的,而是由认知主体主动建构的。"这一观点深刻揭示了学习的本质,即学习是一种积极的、创造性的活动,它要求学习者主动参与知识的建构过程。

建构主义还强调学习的社会化特征,认为学习是个体与群体或社会相互作用的结果。在这个过程中,学习者的认知结构不断从初级向高级发展,形成一个动态、持续的建构过程。乔纳森(David H. Jonassen)指出,建构主义是一种既不同于经验论又不同于唯理论的新认识论,它摒弃了传统的知识观,认为知识的学习是学习者主动选择、积极建构的过程[1]。

从认识论的角度来看,"建构"观点的内涵丰富而深刻。首先,它强调主体与客体间的交互作用是一个内外双重建构的过程;其次,这种交互作用促进了心理现象的发生与发展;最后,认知结构本身就是一个不断建构、动态进展的无限过程。建构主义关于认识的建构性原则,为理解学习机制提供了全新的视角和深刻的见解。在建构主义学习理论中,学习者对于知识的建构是一种双向的、动态的过程。一方面,学习者运用原有经验超越所提供的知识,对新知识进行意义建构;另一方面,这种新知识的建构又反过来对原有经验进行改造和重组。因此,学习不仅仅是对外部信息的被动接收和储存,更是学习者内部心理结构不断重构和优化的过程。

教学在建构主义学习理论中扮演着至关重要的角色。它不仅要求传授教材知识,更重要的是要帮助学生以个人已有知识经验为基础,对新知识形成逐渐深刻的理解与构建[2]。为此,教师需要创建积极、协作、探究的学习情境和氛围,激发学生的学习兴趣和主动性,引导他们参与知识的建构过程。在评价方面,建构主义学习理论也提出了独特的见解。它注重自我评价和元认知发展评价,强调提升学生的自我教育管理能力和自主学习能力;同时,它也注重对学习过程的评价,关注学习者的学习方法、学习投入度、学习风格、自我管理、问题意识和创新能力等方面;此外,它还倡导评价标准的多元化和多样性,尊重不同学习者的个体差异和独特性。

综上所述,建构主义学习理论以其独特的视角,为我们理解学习机制、推进教

---

[1] 高虹,从均广.论建构主义学习理论对翻转课堂的教学启示[J].中国成人教育,2016(9):114-116.

[2] 傅四保.建构主义学习理论指导下的项目教学法初探——以"教育技术学研究方法"课程教学为例[J].中国大学教学,2011(2):56-58.

育教学改革提供了有力的理论支持。它强调学习的主动性和建构性，批判传统教学中单纯级别区分和简单通用的做法；同时，它也倡导情境教学、协作学习等新型教学模式的应用，以适应个体学习发展的特点和需求。在未来的教育实践中，我们有理由相信建构主义学习理论将继续发挥其独特的魅力和深远的影响。

三、多元智力理论

美国哈佛大学的心理发展学巨擘霍华德·加德纳（Howard Gardner）教授，于1983年在其里程碑式的著作《智力的结构》中首次阐述了举世瞩目的多元智力理论（Multiple Intelligences，或称"多元智能理论"）。此理论在学术界迅速传播，颠覆了人们对于智力的传统认知，即智力并非单一且可简单量化的概念，亦非认知方式的一元化体现。加德纳教授深刻洞察到，智力实则是在特定社会文化背景下，个体面对挑战、解决问题及创造社会价值的能力的综合体现[1]。

他进一步指出，人类至少拥有七种核心智力。语言智力，赋予我们表达与理解语言的能力；数理逻辑智力，让我们能够进行逻辑推理与数学运算；空间智力，使我们能够感知与操作空间关系；音乐智力，赋予我们感知、创作与欣赏音乐的天赋；身体运动智力，关乎身体的协调与运动技能；人际交往智力，让我们擅长理解他人、建立人际关系；自我认知智力，促使我们深入探索内心世界。随着时代的发展，加德纳教授不断丰富和完善其理论框架，又增添了自然主义智力和存在主义智力，进一步拓宽了智力的边界。多元智力理论强调，智力是在社会文化价值的坐标下，个体解决现实问题与创造社会价值的能力集合，具有鲜明的个性化和多元化特征。

首先，每个个体的智力构成都是独一无二的，多种智力以不同的方式、程度相互交织，共同塑造了个体的智力面貌。其次，多元智力理论强调解决实际问题与创造有效产品的能力并重，超越了传统智力理论对言语—语言智力和逻辑—数理智力的偏重。再次，教育及其环境对个体智力的发展具有深远的影响，是智力发展的关键因素。最后，该理论倡导从多维视角审视智力问题，认为智力是由多种同等重要的能力构成，而非单一维度的体现。在多元智力理论的指引下，学习评价也呈现出新的面貌。学生积极参与自我评价，评价过程注重学生的成长轨迹，非正式评价与正式评价并重，且评价需反映教学过程的动态变化，鼓励与

---

[1] 王友涵,胡中锋.多元智力理论回顾与反思——纪念多元智力理论诞生40周年[J].全球教育展望,2024,53(3):3-11.

激发学生的潜能。这种多维度的评价方式，有助于更全面、更真实地反映学生的学习状态与智力发展。

多元智力理论自诞生以来，对教育改革、学习评价、学术研究等多个领域产生了深远的影响[1]。哈佛大学教育研究生院的墨菲(Jerome T. Murphy)教授曾高度评价该理论在识别并促进未被传统教育理论认可的智力优势方面的贡献，认为它极大地推动了新课程、教学策略、活动过程及评价方法的创新与实践，对美国乃至全球的教育发展产生了深远的影响。

在对学生实施学习评价时，我们应当以多元智力理论为指导，遵循以下原则：一是评价的多元化，全面反映学生的多面性和层次性；二是评价的真实性，准确评估学生的真实水平与动态发展过程；三是评价的情境化，将学生在学习环境中的自然表现纳入评价体系；四是评价的发展性，发掘学生的潜在智力领域并促进其全面发展。

四、认知主义学习理论

学习，这一人类智慧的核心活动，被认知主义理论深刻阐释为对周遭环境关系的深入理解和把握。它不仅仅是人在与环境的互动中被动地接收信息的过程，更是一个主动构建知识框架，并灵活运用这些知识解决复杂问题的过程[2]。在这一理论体系中，格式塔学派以其独特的视角和贡献而独树一帜，其代表人物马克斯·韦特海默(Max Wertheimer)、库尔特·考夫卡(Kurt Koffka)以及沃尔夫冈·苛勒(Wolfgang Kohler)等人，通过深入的心理实验与观察，为认知学习理论奠定了坚实的基础。

苛勒在长达五年的时间内，以黑猩猩为对象，深入探索了它们的"问题解决行为"。他的研究成果——"学习顿悟"说，不仅挑战了当时盛行的"联结—试误"说，更开创了认知学习理论的新纪元。苛勒认为，学习并非简单的刺激与反应之间的直接联系，而是通过主体内部的顿悟过程实现的，在这一过程中，意识扮演了至关重要的中介角色。他进一步指出，学习的实质在于主体内部完形的构造，即知识结构的形成与完善。

与此同时，美国心理学家布鲁纳和奥苏伯尔(David Pawl Ausubel)也秉持着类似的认知学习观。他们认为，学习是通过认知过程获取意义与意愿，并在此基础上

---

[1] 卢小青.多元智力理论对教育评价的价值与启示[J].中国成人教育,2017(22):33-36.
[2] 杜建军,张瑞林.青少年体育课堂学习过程理论模型建构研究[J].课程·教材·教法,2017,37(5):46-51+94.

形成、组织与再组织认知结构的过程。布鲁纳更是提出了"认知—发现"说,强调学习是个体将新信息与已有心理框架相联系、积极构建认知结构的过程。他主张,知识学习既可以通过习得过程获得,也可以通过发现学习主动探索。

另一位美国心理学家托尔曼(Edward Chase Tolman)的"认知—期待"说,则为我们揭示了动物学习模式的深层机制。他认为,动物的学习并非简单的条件反射,而是基于对"目标—对象"和"手段—对象"之间关系的认知性期待。这一理论不仅丰富了我们对动物学习行为的理解,也为人类学习理论的发展提供了有益的启示。

在教育实践领域,美国教育学家加涅(Robert Mills Gagne)的认知学习理论更是为我们提供了系统的学习阶段划分和类型分类[①]。他将学习过程细化为动机、注意与选择性知觉、预习、编码、寻找与恢复、概括与迁移、反应生成以及反馈等八个阶段,并据此将学习分为八种层次,从简单的信号学习到复杂的问题解决学习。加涅强调,特别是问题解决学习,它要求学习者将过去学习的原理进行组合创新,以应对新的挑战和问题。这种能力不仅是当今大学学习者所应具备的重要特质,也是创新力培养的关键所在。

美国当代著名教育家和心理学家布卢姆(Benjamin Bloom)以其独特的视角强调了已有认知结构对学习的重要影响。他主张教师在教学前应充分了解学生的知识基础、情感态度及习惯状态,以便为他们提供个性化的教学支持。布卢姆的这一理念不仅体现了对学生个体差异的尊重与关注,也为实现因材施教、提升教学质量提供了有力的理论支撑。

第二节 指标体系构建原则

一、全面性原则

在普通高校排球选项课的学习评价中,构建一个全面而系统的评价指标体

[①] 田磊,史建伟,任立峰.认知主义学习理论与体育基础教材设计关系研究[J].教学与管理,2008(36):120-121.

系是至关重要的。这一体系不仅是衡量学生学习成效的标尺,更是引导教学方向、促进教学质量提升的关键所在。该体系需基于排球选项课的内在逻辑关系和本质属性,精心划分多个相互关联、互为支撑的维度与要素。具体而言,学习评价指标体系的构建过程,实质上是对这些抽象要素具体化、可操作化的过程。它要求我们在筛选评价指标时,必须秉持全面性的原则,确保每一个上级指标的内容都能得到充分的体现。这些指标之间应当是有机配合、紧密相连的,它们共同构成了一个完整、系统的评价网络,既无冗余重复,也无相互矛盾之处。

为了实现全面评价的目标,我们不仅要关注学生在体能和运动技能等显性层面的表现,更要深入挖掘并重视运动知识、学习态度、情感体验、意志品质以及交往合作能力等多方面的隐性因素。这些因素虽然不直接体现在分数或等级上,但对于学生的全面发展同样具有不可估量的价值。因此,在构建排球选项课学习评价指标体系时,我们必须把握好各个要素之间的平衡与协调,既要注重对学生专业技能的培养与考核,也要关注其综合素质的提升与展现。只有这样,我们才能做出既合理又全面的评价,为学生的全面发展提供有力的支持与保障。

二、系统性原则

系统性原则,亦称整体性原则,其核心在于强调指标体系构建过程中的全面性与逻辑性[1]。这一原则视整个指标体系为一张错综复杂的逻辑网络,各要素间紧密相连,共同织就一幅多维度、全方位的系统图景。它不仅关注系统内部的细节,更重视这些细节如何相互交织,共同作用于整个系统的运行。在系统性原则的引领下,评价指标体系被视作一个生机勃勃的有机体,其中每一层级的评价指标均扮演着特定的角色,它们之间既存在明确的从属关系,又构建了清晰的层级架构。这种架构确保了每一个指标都能精准地映射出其上层指标的属性特征,从而维护了系统内部各子系统之间的和谐共生与有机联动。

高校排球教学作为这一原则应用的典范,其教学过程的每一个环节都蕴含着深刻的系统性思维。在构建排球选项课的学习评价指标体系时,我们需秉持整体性目标,精心规划,确保各项评价指标之间能够形成紧密的逻辑链条。这要求我们不仅要深入理解排球项目的独特魅力与内在规律,还要紧密结合排球选项课的教学实际,明确评价的具体目标与内容,科学设定评价指标。为实现这一目标,我们可借助德尔菲法等科学手段,对评价指标进行反复推敲与精细打磨。

---

[1] 王文利,郭婷婷.推进校本课程建设要注重系统性原则[J].中国教育学刊,2021(4):104.

在这一过程中，我们需将每一个小指标置于大指标的框架下进行审视，评估其是否恰如其分地融入了整个评价体系；同时，我们还应以大局观为指引，运用大指标来统筹协调各个小指标，确保它们之间既相互独立又紧密相连，既各司其职又相辅相成。最终，我们将构建出一个层次分明、面面俱到、既具深度又具广度的排球教学评价体系。

三、科学性原则

科学性原则在普通高校排球选项课的设置中占据着举足轻重的地位。这一原则强调课程的设计、实施与评价必须基于严谨的科学理论与方法，旨在确保教学内容的合理性、教学方法的有效性以及教学评价的公正性。具体而言，在排球选项课学习评价指标体系的构建过程中，科学性原则要求教育者首先深入剖析排球运动的本质特征与技术要求，结合学生的身心发展规律与学习特点，精心筛选并编排教学内容。这包括但不限于排球的基本技术、战术配合、体能训练以及心理调适等多个方面，确保学生能够在全面、系统的学习中逐步掌握排球运动的精髓。

同时，教学方法的选择与应用也需严格遵循科学性原则。教师应灵活运用多种教学手段，如讲解示范、分组练习、比赛模拟等，以激发学生的学习兴趣，提升教学效果。在教学过程中，教师还应注重因材施教，针对不同学生的技能水平和学习需求，给予个性化的指导和帮助，确保每位学生都能在原有基础上取得进步。此外，教学评价作为检验教学效果的重要环节，同样需要遵循科学性原则。评价内容应全面覆盖学生的技术掌握情况、战术理解与应用能力、体能状况以及心理素质等多个方面，确保评价的客观性和准确性。评价方法也应多样化，包括自评、互评和教师评价等多种方式，以全面反映学生的学习成效和进步情况。

综上所述，科学性原则在普通高校排球选项课的设置中发挥着至关重要的作用。只有坚持这一原则，才能确保排球选项课的教学质量，为学生的全面发展奠定坚实的基础。

四、客观性原则

客观性原则在普通高校排球选项课中的应用是至关重要的。这一原则强调在教学过程中，教师应以科学、公正、无偏见的态度来组织教学活动，确保每一位学生都能在公平、透明的环境中接受排球技能的训练与知识的传授。具体而言，在排球选项课的实施过程中，教师应当在以下几方面遵循客观性原则。

首先，教学目标的设定需客观合理。教师应根据学生的实际情况，如体能水平、技术基础及学习兴趣等，制定既具挑战性又切实可行的学习目标，避免过高或过低的标准影响学生的学习积极性和成就感。其次，教学内容与方法的选择应基于客观规律。排球运动有其独特的技战术体系和训练规律，教师应深入研究并准确把握这些规律，结合学生特点，选择适合的教学内容与教学方法，确保教学活动的针对性和有效性。再次，教学评价与反馈应坚持客观公正。教师应建立科学的评价体系，采用多元化的评价方式，全面、客观地评估学生的学习成果和进步情况。同时，教师应及时给予学生准确、具体的反馈，帮助学生明确自己的优点与不足，从而调整学习策略，提升学习效果。最后，教师应保持客观冷静的教学态度。面对学生在学习中出现的各种问题与挑战，教师应以平和的心态去应对，避免情绪化地处理问题。同时，教师还应鼓励学生之间相互学习、相互帮助，营造一种积极向上、团结协作的学习氛围。

总之，客观性原则在普通高校排球选项课中的应用是保障教学质量、促进学生全面发展的重要基石。只有坚持这一原则，我们才能更好地发挥排球选项课的育人功能，为学生的健康成长和全面发展奠定坚实的基础。

五、方向性原则

方向性原则是确保普通高校排球选项课教学活动始终沿着正确轨道前行的关键指引[①]。这一原则不仅关乎课程内容的科学性与系统性，更深刻影响着学生体育观念的形成与体育素养的提升。具体而言，方向性原则要求排球选项课在课程设置、教学目标、教学内容、教学方法及评价体系等各个环节上，均需紧密围绕国家教育方针、高等教育培养目标以及学生身心发展的实际需求来展开。在课程设置上，应明确排球运动在促进学生全面发展中的独特价值，合理安排课时，确保学生能掌握基本技能，同时又能激发其对排球运动的热爱与兴趣。

在教学目标方面，方向性原则强调要培养学生具备扎实的排球基本技术、战术素养，并注重培养学生的团队协作精神、公平竞争意识以及良好的体育道德风尚。通过排球选项课的学习，学生应能够在增强体质、增进健康的同时，提升心理素质和社会适应能力。在教学内容的选择上，方向性原则倡导精选那些既能体现排球运动特点，又能满足学生兴趣与需求的教学内容。教师应根据学生的实际情况，灵活调整教学难度与进度，确保每位学生都能在原有基础上取得进

---

① 蒋有贵.论学校管理的社会主义方向性原则[J].辽宁教育学院学报,1992(4):48-50.

步。在教学方法方面,方向性原则鼓励采用多样化、创新性的教学手段,如情境教学、合作学习、比赛实践等,以激发学生的学习兴趣和积极性。同时,教师应注重因材施教,针对不同学生的特点与需求,提供个性化的指导与帮助。最后,在评价体系中,方向性原则要求建立全面、客观、公正的评价机制,既关注学生的学习成果,又重视学生的学习过程与努力程度。通过科学合理的评价,激励学生不断进步,同时也为教师改进教学提供有益的反馈。综上所述,方向性原则在普通高校排球选项课中的贯彻实施,对于促进学生全面发展、提升教学质量具有重要意义。

六、可行性原则

可行性原则在普通高校排球选项课的设置与实施中处于重要地位。这一原则不仅要求课程内容的安排需贴合学生的实际水平、兴趣偏好及身体条件,还强调教学方法的灵活多样,以确保每位学生都能在课程中找到适合自己的学习路径,从而达到预期的教学效果。具体而言,在普通高校排球选项课的规划阶段,教育者需深入调研学生的排球基础、体能状况及心理需求,以此为依据设计课程内容。课程内容应循序渐进,从基础技术教学到战术配合演练,再到实战模拟对抗,每一环节都需确保学生能够在掌握前一阶段知识的基础上,顺利过渡到下一阶段的学习。

同时,教学方法的选择也是践行可行性原则的关键。教师应采用多样化的教学手段,如示范讲解、分组练习、个别指导等,以满足不同学生的学习需求。在教学过程中,教师应注重学生的个体差异,针对学生的不同情况给予个性化的指导和鼓励,帮助学生克服学习中的困难,提升学习成效。此外,排球选项课的考核评价方式也应遵循可行性原则。评价内容应全面、客观,既要考察学生的技术掌握情况,又要关注学生在学习态度、合作精神及创新能力等方面的表现。评价方式可采用自评、互评与教师评价相结合的方式,以更加全面、准确地反映学生的学习成果。

综上所述,可行性原则在普通高校排球选项课的实施中具有重要意义。只有遵循这一原则,才能确保课程内容的科学性、教学方法的有效性以及考核评价的公正性,从而为学生提供优质、高效的学习环境。

第三节　普通高校排球选项课学习评价指标体系构建过程

一、评价指标的选取

普通高校排球选项课学习评价指标体系的构建，并非是对既有评价体系的全面摒弃，而是一种基于传承的创新性发展。它紧密遵循《纲要》的核心精神，即从运动知识、运动技能、运动参与、体质健康以及情意表现与合作交往这五大维度，对学生的学习成效进行全方位、多层次的评估。

该体系的具体指标包括：排球运动的起源与发展、排球运动的特点与价值、排球运动的竞赛组织与裁判、科学运动与运动处方、运动损伤的预防和处理、营养与健康、运动后疲劳的恢复、运动对身心健康的影响、体质健康状况的测试和评价方法、健身的原理、科学锻炼的原则和方法、排球运动单个基本动作、准备姿势与移动、传球、垫球、发球、扣球、拦网、技战术组合、比赛、动作达到相应的技能标准、单个动作的组合能力、800 m/1 000 m 跑、引体向上/仰卧起坐、立定跳远、50 m 跑、BMI、肺活量、上课出勤率、符合体育课着装、注意力集中、自主学习能力、完成课内外作业、课堂互动积极性、积极参加课外体育活动、是否参加体育社团、每周锻炼频率、每周锻炼时间、善于控制情绪、正确面对失败与挫折、能够自主调节不良情绪、在排球学习中获得集体荣誉感、正确对待老师和同学的表扬与批评、学习技术动作充满自信、勇于克服困难、敢于竞争、多次练习的耐受力、理解尊重他人、正确处理竞争与合作的关系、良好的人际交往能力、积极向师生请教、积极配合他人。

二、评价指标的解读

第一，运动知识是基础。它涵盖了体育理论、运动原理、健康常识等多个方面，为学生提供了科学的运动指南和理论基础。通过系统的学习，学生能够理解运动的意义，掌握科学的锻炼方法，为终身体育打下坚实的基础。

第二，运动技能是实践的关键。它要求学生在掌握基本动作技术的基础上，通过反复练习和不断挑战，提高运动技能和水平。无论是田径场上的奔跑跳跃，还是球类运动中的团队协作，都需要学生具备良好的运动技能。

第三，运动参与是学生将所学知识和技能付诸实践的重要途径。它鼓励学生积极参与体育活动，体验运动的乐趣，培养对体育的热爱和兴趣。通过参与各种体育比赛和锻炼活动，学生能够增强身体素质，提高运动能力，同时也能够培养坚韧不拔、勇于挑战的精神品质。

第四，体质健康是体育教育的最终目的之一。它强调通过体育锻炼来提高学生的身体素质和健康状况，包括心肺功能、肌肉力量、耐力、柔韧性等多个方面。一个健康的体魄是学生成长成才的重要保障，也是他们未来面对生活和工作挑战的重要基础。

第五，情意表现与合作交往是体育教育不可或缺的人文关怀。它要求学生在体育活动中展现出积极向上、团结协作的精神风貌，学会尊重他人、理解他人、与他人建立良好的人际关系。通过体育活动的交流与合作，学生能够培养自己的社交能力和团队协作能力，为未来的社会生活和职业发展打下坚实的基础。

综上所述，运动知识、运动技能、运动参与、体质健康以及情意表现与合作交往这五大维度相互依存、相互促进，共同构成了体育教育的完整体系。在体育教育实践中，我们应该注重学生在这五个方面的均衡发展，努力培养学生的体育素养和综合素质。

三、评价指标的构建流程

将本研究评价指标体系的构建流程详尽地划分为以下四个关键步骤，以确保其科学性与实用性。

（1）指标初选阶段。此阶段，我们深入查阅了相关文献资料，并紧密结合排球项目的特点，旨在全面而精准地把握影响排球选项课学习成绩的关键因素。通过细致的分析与综合考量，我们初步确定了排球选项课学习评价指标体系的候选指标，为后续工作奠定了坚实的基础。

（2）指标筛选与优选。为了进一步提升指标体系的精准度与适用性，我们依据"入选"、"不入选"、"合并"以及"修改意见"这四个严格的标准，诚邀了多位该领域的资深专家参与对初选评价指标的评判工作。在充分吸纳专家们的宝贵意见后，我们对前期筛选出的指标进行了进一步的优选与调整，力求使每一个指标都能准确反映学生的学习成效与排球技能水平。

（3）评价指标的优化与量化。基于第一轮专家反馈的宝贵意见，我们对评价指标进行了系统的归纳、分析与整理。随后，我们巧妙地运用了李克特（Likert）五级量表这一科学工具，将评价指标细分为"非常重要"、"比较重要"、"一般重要"、

"不太重要"和"非常不重要"这五个清晰明确的等级,并分别为其赋予5、4、3、2、1的量化值。在此基础上,我们设计并编制了新的问卷,再次反馈给专家进行进一步的验证与修正。根据专家的评分数据,我们进行了多次的迭代优化,旨在不断提升指标的合理性与有效性,确保评价结果的客观性与公正性。

（4）权重系数的确定。为了科学合理地确定各级指标的权重,我们采用了层次分析法这一先进的决策分析工具。我们邀请了多位专家对各级指标体系进行两两比较评分,以充分反映各指标之间的相对重要性。随后,我们利用SPSSPRO统计软件对收集到的数据进行了深入的分析与处理,最终计算出了各级指标的权重系数。这一步骤的完成,标志着我们的评价指标体系构建工作已经取得了圆满的成果。

四、指标体系的确定

经过三轮专家筛选,删除了部分指标,满足要求的指标主要有:排球运动的起源与发展,排球运动的竞赛组织与裁判,科学运动与运动处方,运动损伤的预防和处理,营养与健康,排球运动对身心健康的影响,准备姿势与移动,传球,垫球,发球,扣球,拦网,技战术组合,比赛,800 m/1 000 m跑,引体向上/仰卧起坐,立定跳远,50 m跑,BMI,肺活量,上课出勤情况,运动着装,自主学习能力,上课专心听讲,课堂积极互动,每周锻炼时间,每周锻炼频率,课外体育活动参与情况,完成课外作业,机智、果断、沉着、冷静,善于控制情绪,正确面对失败与挫折,勇于克服困难、敢于竞争,理解尊重他人,良好的人际交往能力,团结协作的集体主义精神,积极向师生请教。德尔菲法指标筛选在第三轮后停止,各级评价指标选取完成,包括2个一级、5个二级和37个三级指标(表4-1),以此进行下一步评价指标权重的设计。

表4-1 普通高校排球选项课学习评价指标体系

一级指标	二级指标	三级指标
考评成绩(A1)	运动知识(B1)	排球运动的起源与发展(C1)
		排球运动的竞赛组织与裁判(C2)
		科学运动与运动处方(C3)
		运动损伤的预防和处理(C4)
		营养与健康(C5)
		排球运动对身心健康的影响(C6)

续表

一级指标	二级指标	三级指标
考评成绩(A1)	运动技能(B2)	准备姿势与移动(C7)
		传球(C8)
		垫球(C9)
		发球(C10)
		扣球(C11)
		拦网(C12)
		技战术组合(C13)
		比赛(C14)
	体质健康(B3)	800 m/1 000 m 跑(C15)
		引体向上/仰卧起坐(C16)
		立定跳远(C17)
		50 m 跑(C18)
		BMI(C19)
		肺活量(C20)
平时成绩(A2)	运动参与(B4)	上课出勤情况(C21)
		运动着装(C22)
		自主学习能力(C23)
		上课专心听讲(C24)
		课堂积极互动(C25)
		每周锻炼时间(C26)
		每周锻炼频率(C27)
		课外体育活动参与情况(C28)
		完成课外作业(C29)
	情意表现与合作交往(B5)	机智、果断、沉着、冷静(C30)
		善于控制情绪(C31)
		正确面对失败与挫折(C32)
		勇于克服困难、敢于竞争(C33)
		理解尊重他人(C34)
		良好的人际交往能力(C35)
		团结协作的集体主义精神(C36)
		积极向师生请教(C37)

第四节　普通高校排球选项课学习评价指标权重的确立

作为一组精确的数值,评价指标的权重深刻地刻画了各项指标在整体评价体系中的相对重要性。确定各级指标的权重不仅是对指标重要性细致入微的评判,更是对评价体系科学性与合理性的有力支撑。权重的赋予,紧密依托于各项指标的具体状况与特性,它如同一面镜子,清晰映照出每一项指标在宏大评价体系中所占据的独特位置与关键角色。

权重的本质,在于揭示各个指标在实现总体目标过程中所展现出的独特价值与贡献度。它以百分比、小数或整数的形式出现,不仅使得评价结果的呈现更直观易懂,而且极大地增强了评价体系的可操作性与说服力。在确定指标权重的过程中,我们借助了多种科学方法,如德尔菲法、层次分析法及专家意见平均法等,这些方法各有千秋,它们能够充分结合具体指标的特征,为权重的精准确定提供有力支持。在本研究中,我们尤为注重专家意见的汇聚与整合,通过多次咨询与深入交流,力求在尊重专家智慧的同时,有效避免其可能产生的抵触情绪对问卷结果造成的潜在影响。

一、评价指标权重的方法

本研究深入运用了层次分析法,以精准确定排球选项课学习评价指标体系中各项指标的关键性。回溯至20世纪70年代,萨蒂(Thomas L. Saaty)教授开创性地提出了层次分析法的理论框架,这一方法巧妙融合了定性与定量的分析精髓,其核心在于将错综复杂的问题拆解为一系列易于管理的细微元素,并通过层层递进的方式,构建起一个清晰的多层次结构模型。层次分析法过程如下。

1. 构建层次分明的结构模型

层次分析法的首要步骤是精心构建层次结构模型。此模型自上而下,将影响事物发展的诸多因素划分为多个层次,各层次间呈现出鲜明的递进关系。具体而言,顶层为决策目标层,它指引着整个分析的方向;紧接着是基准层,作为中间桥梁,既承接上层的指导,又引领下层的展开;最底层则是方案层,详尽地列出了实现决策目标的具体策略与措施。

在本研究中,评价体系被精心划分为四个层级(图4-1):目标层聚焦于普通高校排球选项课学习评价指标体系;基准层A涵盖2个一级指标,基准层B将

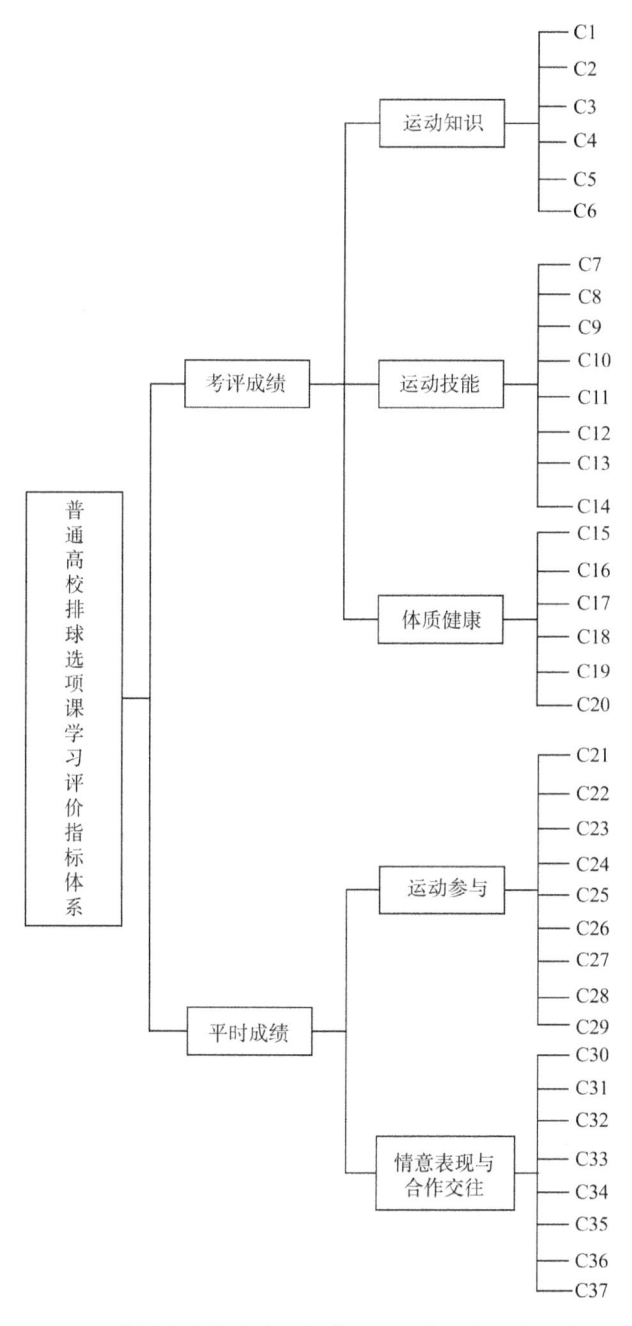

图 4-1　普通高校排球选项课学习评价指标体系构建模型

其进一步细化为 5 个二级指标；而方案层则详尽地列出了 37 个三级指标，为后续的权重计算奠定了坚实基础。

2. 构造判断矩阵

为了深入揭示各层次及元素之间的内在逻辑与系统结构，本研究采用了萨蒂教授提出的一致矩阵法，即构建成对比较矩阵。这一方法通过在同一层次内对元素进行两两比较，有效降低了比较的复杂性，提高了判断的精准度。矩阵的构建旨在准确反映各元素对于上一层次的重要性，为后续的分析提供了有力的数据支持。

3. 计算矩阵各项指标权重

在权重计算环节，本研究采用了几何平均法这一高效而准确的方法。具体计算过程如下：先将矩阵 A 的每一行元素相乘，生成一个新的向量；随后，对新向量的每个分量取 n 次方根；最后，通过归一化处理，得到各元素的权重向量。这一过程不仅确保了权重的科学性与合理性，也为后续的评价工作提供了坚实的量化基础。

4. 矩阵一致性检验

在运用层次分析法进行权重计算的过程中，一个至关重要的环节是进行矩阵的一致性检验。这一步骤旨在预防因专家判断不一致而引发的逻辑矛盾，从而确保最终结果的准确性和可靠性。学术界普遍采用一致性比率（CR）作为衡量判断矩阵一致性的核心标准，该比率是通过将一致性指标（CI）与平均随机一致性指标（RI）相结合计算得出的。

具体而言，CR 值的大小直接反映了判断矩阵的一致性程度。通常情况下，CR 值越小，意味着判断矩阵的一致性越好，专家的判断结果越趋于一致。当 CR 值等于 0 时，表示判断矩阵达到了完全一致的理想状态；当 CR 值小于 0.1 时，则认为判断矩阵满足了一致性检验的要求，其结果是可接受的，并可用于后续的决策分析。然而，一旦 CR 值大于或等于 0.1，则表明判断矩阵的一致性未能通过检验，此时的结果将被视为不可接受，需要返回并重新调整判断矩阵，直至满足一致性要求为止。这一过程不仅体现了科学决策的严谨性，也确保了层次分析法在实际应用中的有效性和可靠性。

二、评价指标权重的配置过程

1. 评价指标权重的问卷调查与专家遴选

在深入实施第三轮德尔菲法征询意见的基础上，我们精心挑选了 11 位具备深厚学术造诣与丰富实践经验的专家,诚邀他们参与权重问卷调查。本次调查共发放问卷 11 份,回收率高达 90.91%,其中有效问卷 10 份,确保了数据的真实性与可靠性。随后,我们借助 SPSSPRO 软件,对回收的问卷数据进行了细致入微的处理与分析,成功构建了判断矩阵,并将数据精准转化为权重系数,为后续实证研究奠定了坚实的基础。

2. 权重计算与一致性检验

基于前期扎实的理论研究,我们采用两两比较的方式,深入剖析了一级指标下各二级指标对普通高校排球选项课学习评价的影响程度。通过收集并整理各位专家对各级指标权重的打分,我们运用科学方法计算出每个指标的权重向量,并进一步求取各指标权重的算术平均值,从而确定各指标的最终权重值。在权重计算过程中,我们特别注重数据的一致性检验。经过严格的 2 阶判断矩阵计算,我们欣喜地发现 CI 值和 RI 值均为 0.00,这充分证明了我们的数据满足层次分析法构建两两矩阵的一致性要求,无须进行任何数据剔除操作。表 4-2 清晰地展示了 10 位专家对一级指标赋权及一致性检验的详细情况,通过综合考量各位专家的赋权数据,我们最终得出了综合权重系数:$A_1=0.6942, A_2=0.3058$。

在考评成绩维度下,运动技能以 0.3848 的权重系数高居榜首,这一数据直观反映了运动技能在考评成绩中的核心地位。同时,运动知识和体质健康也占据了相当重要的比重,这深刻揭示了在教学过程中,教师需全面关注技术动作的指导、运动知识的传授以及体能的提升,以促进学生的全面发展与均衡成长。而在平时成绩维度下,情意表现与合作交往的权重系数为 0.1583,体现出情感态度与社交能力在学生成长过程中的重要作用。运动参与的权重系数为 0.1475,彰显了培养学生良好运动习惯的重要性。

最后,我们根据二级指标的从属关系,将三级指标权重系数划分为 5 个部分,并对各部分指标进行了深入的比较与分析。通过计算各部分的平均值,我们得出了精确的三级指标权重系数,为后续的实证研究提供了有力的数据支持。

三、指标组合权重的计算

在完成各级指标相对重要性的精确计算之后,我们需进一步实施层次总排序的细致工作,旨在全面而准确地确定这些指标在整体评价体系中的综合权重。在这一过程中,一级指标作为整个评价体系的基石,自然而然地成为总排序的核心与基准。对于二、三级指标而言,它们的总排序权值并非孤立存在,而是深深植根于各级指标权重向量的相互关联之中,这些权值是通过将各级指标的权重向量进行有序且科学的乘积运算而得出的。这一过程,既体现了指标间复杂的层级关系,又确保了评价体系的严谨性与科学性。

在计算组合权重 W 时,我们遵循严格的数学逻辑与评价体系要求。对于二级指标,我们将其权重 W_1 与其所属的一级指标权重 W_2 相乘,从而得出二级指标在整体评价体系中的相对重要程度。对于三级指标,我们则进一步将其与二级指标及其所属一级指标权重的组合(即 $W_1 \times W_2$)相乘,以此精确计算出三级指标在整体中的综合权重。这一过程可以表示为:二级指标,$W = W_1 \times W_2$;三级指标,$W = W_1 \times W_2 \times W_3$。值得注意的是,所有通过上述方法计算得出的组合权重 W,其总和严格等于 1。这一设定不仅保证了评价体系的平衡与稳定,也为后续的评价工作提供了坚实的数学基础与可靠的参考依据。普通高校排球选项课学习评价指标权重系数如表 4-2 所示。

表 4-2　普通高校排球选项课学习评价指标权重系数统计表

一级指标	权重	二级指标	权重	三级指标	权重
考评成绩（A1）	0.694 2	运动知识（B1）	0.112 6	排球运动的起源与发展（C1）	0.010 2
				排球运动的竞赛组织与裁判（C2）	0.013 9
				科学运动与运动处方（C3）	0.024 8
				运动损伤的预防和处理（C4）	0.009 9
				营养与健康（C5）	0.010 9
				排球运动对身心健康的影响（C6）	0.042 9
		运动技能（B2）	0.384 8	准备姿势与移动（C7）	0.058 9
				传球（C8）	0.061 3
				垫球（C9）	0.041 8
				发球（C10）	0.046 7
				扣球（C11）	0.035 7
				拦网（C12）	0.035 2
				技战术组合（C13）	0.035 4
				比赛（C14）	0.069 8
		体质健康（B3）	0.196 8	800 m/1 000 m 跑（C15）	0.052 1
				引体向上/仰卧起坐（C16）	0.021 2
				立定跳远（C17）	0.030 4
				50 m 跑（C18）	0.036 5
				BMI（C19）	0.015 8
				肺活量（C20）	0.040 8

续表

一级指标	权重	二级指标	权重	三级指标	权重
平时成绩（A2）	0.305 8	运动参与（B4）	0.147 5	上课出勤情况（C21）	0.017 1
				运动着装（C22）	0.021 7
				自主学习能力（C23）	0.022 7
				上课专心听讲（C24）	0.013 4
				课堂积极互动（C25）	0.019 5
				每周锻炼时间（C26）	0.011 1
				每周锻炼频率（C27）	0.009 2
				课外体育活动参与情况（C28）	0.017 7
				完成课外作业（C29）	0.015 1
		情意表现与合作交往（B5）	0.158 3	机智、果断、沉着、冷静（C30）	0.012 1
				善于控制情绪（C31）	0.019 2
				正确面对失败与挫折（C32）	0.018 6
				勇于克服困难、敢于竞争（C33）	0.021 4
				理解尊重他人（C34）	0.022 9
				良好的人际交往能力（C35）	0.019 7
				团结协作的集体主义精神（C36）	0.022 8
				积极向师生请教（C37）	0.021 6

指标权重的确定，在构建整个评价指标体系的过程中，有着极其重要的作用。它不仅是评价过程中对不同方面重要程度的量化体现，更是衡量各指标间不平衡性的关键所在。通过精心分配权重，我们能够清晰地凸显出评价的重点，确保每一个客观评价因子在总体评价中都能得到恰如其分的考量。缺乏明确侧重点的评价，无疑将失去其应有的客观性与公正性。

在本研究针对普通高校排球选项课学习成绩所构建的评价指标体系中，我们精心设计了2个一级指标，5个二级指标以及37个三级指标，以全面、细致地反映学生的学习状况。从权重系数的分布来看，一级指标中的"考评成绩"（0.694 2）显著高于"平时成绩"（0.305 8），这充分说明了考评成绩在整体评价体系中的核心地位。深入剖析后发现，三级指标的权重数量虽多，但通过细致研究二级指标的权重分布，我们能够有效地识别出那些对评价结果具有决定性影响的关键性指标。值得注意的是，尽管三级指标之间的权重值差异并不显著，但我们可以借助其所属的二级指标的权重值来间接评估其重要程度。例如，在一级指标"考评成绩"中，"运动技能"（0.384 8）作为二级指标，其权重系数最大，凸显了运动技能在评价学生排球学习成果时的重要性。而在"平时成绩"中,"情意表现与合作交往"(0.1583)占据了二级指标权重的首位,这提醒我们在关注学生技能提升的同时,也不能忽视其情感、态度及合作能力的发展。

基于上述分析,教师在教学过程中应充分认识到学生的主体性地位,深入了解每位学生的学习动机、能力及存在的问题,并据此制定个性化的教学方案。通过精准教学、因材施教的方式,努力培养学生的运动技能、激发其运动兴趣、提高其参与运动的积极性。同时,在授课过程中,教师应注重技能知识的精准讲解与示范,并密切关注学生的反应与表现,及时调整教学策略与方法,以确保教学目标的顺利实现。

第五节 小结

评价指标的权重,作为经过精心计算的数值,深刻而精准地勾勒出各项指标在整体评价体系中的相对重要性。权重的赋予,与各项指标的具体表现与独特属性紧密关联,它犹如一面明镜,清晰地映照出每一项指标在庞大评价体系中的独特地位与作用。权重的本质,在于彰显各个指标在实现总体目标过程中的独特价值与卓越贡献。它以百分比、小数或整数的形式灵活展现,不仅让评价结果的呈现更加直观明了、易于理解,也极大地提升了评价体系的可操作性与说服力。在权重的确定过程中,我们依托多种科学严谨的方法,如德尔菲法、层次分析法及专家意见平均法等,这些方法各具特色,能够充分融合具体指标的特性,为权重的精确确定提供强有力的支撑。

在本研究中,我们针对普通高校排球选项课的学习成效,精心构建了一个既详尽又多维度的评价指标体系。该体系涵盖了2个一级指标(考评成绩、平时成绩)、5个二级指标(运动知识、运动技能、体质健康、运动参与、情意表现与合作交往)以及37个三级指标(排球运动的起源与发展,排球运动的竞赛组织与裁判,科学运动与运动处方,运动损伤的预防和处理,营养与健康,排球运动对身心健康的影响,准备姿势与移动,传球,垫球,发球,扣球,拦网,技战术组合,比赛,800 m/1 000 m 跑,引体向上/仰卧起坐,立定跳远,50 m 跑,BMI,肺活量,上课出勤情况,运动着装,自主学习能力,上课专心听讲,课堂积极互动,每周锻炼时间,每周锻炼频率,课外体育活动参与情况,完成课外作业,机智、果断、沉着、冷静,善于控制情绪,正确面对失败与挫折,勇于克服困难、敢于竞争,理解尊重他人,良好的人际交往能力,团结协作的集体主义精神,积极向师生请教)。从权重系数的布局来看,"考评成绩"的权重为 0.694 2,这一结果深刻揭示了考评成绩在整个评价体系中的基石地位,凸显了其在衡量学生学习成果时的核心作用。通过进一步深入剖析发现,尽管三级指标繁多且错综复杂,但通过细致分析二级指标的权重分布,我们能够精准捕捉到那些对评价结果具有决定性影响的关键性指标。值得注意的是,尽管三级指标间的权重差异并不悬殊,但借助其归属的二级指标权重值作为桥梁,我们依然能够间接而准确地评估其重要性。例如,在"考评成绩"中,"运动技能"以 0.384 8 的权重系数居于首位,说明了运动技能在评价学生排球学习成效时的核心地位,强调了技能掌握对于学习成果的决定性作用。而在"平时成绩"中,"情意表现与合作交往"以 0.158 3 的权重值排在第一。提醒我们在追求技能提升的同时,亦需关注学生情感世界、态度转变及合作能力的培育,确保学生在全面发展的道路上稳健前行,实现身心和谐统一。

综上所述,教师在教学舞台上应扮演好引路人的角色,充分尊重并发挥学生的主体性地位。他们需深入每位学生的内心世界,倾听他们的心声,了解他们的学习动机、能力水平及面临的挑战与困惑,进而为其量身定制个性化的教学方案。在教学过程中,教师应精准教学、因材施教,培养学生的运动技能,激发他们的运动热情,提升他们的参与积极性。在传授技能知识时,教师应注重讲解的精准性与示范的规范性,并时刻保持对学生反应与表现的敏锐观察,以便及时调整教学策略与方法,确保教学目标的顺利达成,为学生的全面发展奠定坚实基础。

第五章

普通高校排球选项课学习评价指标体系实证研究

普通高校排球选项课学习评价指标体系不仅涵盖了评价的核心要素,还充分考虑了评价的科学性、公正性与实用性。随后,我们将这一创新性的评价指标体系付诸实践,应用于南京邮电大学排球选项课2个班的教学之中,以期通过实践操作检验其效果。在具体实施过程中,我们紧密围绕评价主体、方法、内容三大核心环节展开工作。评价主体上,我们力求多元化,既包含教师的专业评判,也融入了学生的自我评价与同伴互评,以确保评价的全面性和客观性。评价方法上,我们采用了定量与定性相结合的方式,通过数据统计分析与描述性评估,使评价结果更加精准、具体。评价内容上,评价指标体系覆盖了技能掌握、学习态度、创新能力等多个维度,以全面反映学生的学习成效。

为了验证新构建的评价指标体系的合理性与可行性,我们特别设置了对比实验。一方面,我们使用本研究构建的评价指标体系对南京邮电大学排球选项课2个班的学生进行了评价,得出了相应的评价结果;另一方面,我们邀请另外2个班的学生,采用学校现行的评价指标进行评价,以获取对照数据。随后,我们对两组评价结果进行了深入的比较分析,以期发现其中的差异与共性。

第一节　评价主体

遵循《纲要》中的评价指引,我们致力于构建一个多元化的评价体系,该体系以教师评价为核心,同时巧妙融入学生的自我评价与同伴评价,共同编织成一张全面而细致的评价网络。基于这一理念,我们精心设计了体育学习评价表系列,包括教师评价表、学生自评表及学生互评表,旨在多维度、多层次地审视学生的体育学习成效。这些评价表通过清晰的等级界定(如优、良、中、差)或精确的量化分数,直观地反映出学生达成各项评价指标的程度,确保了评价的公正性与透明度。本研究中,评价表的具体内容严格遵循既定标准,并汇聚了11位专家的意见与建议,对各评价主体的评价内容及权重进行了科学合理的分配,形成了综合评价体系。

以往学生的体育成绩与等级评定往往过分依赖教师的单方面视角,且评价范畴显得较为狭窄,仅涵盖了平时成绩、体测成绩及考试成绩三大板块,其权重分配分别为10%、30%与60%。然而,这种单一的评价模式难以全面捕捉学生在体育学习中的综合表现与成长轨迹。为破解这一难题,我们构建了全新的体育学习评价指标体系,如表 5-1 所示。新体系灵活调整并合理分配了不同评价主体的权重,力求实现评价的全面性与精准性。在一级指标"考评成绩"的框架下,我们依然坚持由教师主导评价,确保评价的客观性与权威性。而在"平时成绩"的细分领域中,我们引入了教师评价、学生自评与学生互评三重机制,特别是在二级指标"运动参与""情意表现与合作交往"上,分别赋予了教师、学生自评与互评以 50%、25% 和 25%,50%、25% 和 25% 的权重,这样的设计不仅拓宽了评价视角,更深刻地体现了《普通高中体育与健康课程标准(2017 年版)》对于体育学习评价需兼顾体能、知识与技能、态度与参与,以及情意与合作等多维度的要求,为学生的全面发展提供了坚实的支撑。

表 5-1　各评价主体评价内容及权重分配统计表

一级指标	二级指标	评价主体		
		教师评价建议权重(%)	学生自评建议权重(%)	学生互评建议权重(%)
考评成绩	运动知识	100		
	运动技能	100		
	体质健康	100		
平时成绩	运动参与	50	25	25
	情意表现与合作交往	50	25	25

第二节　评价方法

1. 运动知识评价方法

作为一种系统而科学的手段,运动知识评价方法旨在全面评估个体对于运动领域知识的掌握程度与应用能力。这一方法不仅涵盖了理论知识的考察,如考察运动生理学、运动解剖学、运动营养学等基础学科理论知识的掌握情况,还深入到实践技能的评估,如运动技术的正确性、运动伤害的预防与处理等。

在具体实施上,运动知识评价方法可采用多样化的形式与手段。通过书面测试,如选择题、填空题、论述题等,检验学习者对运动理论知识的记忆与理解程度。这种方式能够较为直观地反映出学习者知识积累的情况,但也可能存在"死记硬背"的局限性。为了弥补这一不足,可以引入实践操作技能考核。通过模拟运动场景,观察学习者在运动技术运用中的准确性、流畅度以及安全性,以此评估其运动技能的掌握情况。同时,结合案例分析、小组讨论等互动形式,考察学习者在复杂情境下的问题解决能力与团队协作能力。此外,随着科技的发展,现代技术手段也被越来越多地应用于运动知识评价中。如利用虚拟现实(VR)技术模拟运动场景,为学习者提供沉浸式的学习体验与评估环境;通过大数据,对学习者在运动过程中的各项数据进行实时监测与分析,从而更加精准地评估其运动表现与知识掌握情况。

综上所述,运动知识评价方法是一个多维度、多层次的评估体系,它要求我们在评价过程中既要注重理论知识的考察,又要关注实践技能的培养与评估;既要利用传统手段进行评价,又要积极引入现代科技手段以提高评价的准确性与效率。

2. 运动参与评价方法

作为一种全面而细致的评估体系,运动参与评价方法旨在深入剖析个体在运动过程中的投入度、持续性及成效性。此方法不仅关注参与者运动技能的提升,更观照其态度转变、习惯养成以及身心健康的综合发展。

具体而言,运动参与评价首先着眼于参与度的量化分析,通过记录参与者的出勤率、活动时长及参与频率等客观数据,直观反映其运动投入程度。同时,结合问卷调查、访谈等主观手段,深入了解参与者的运动动机、兴趣偏好及挑战意愿,从而构建出一个多维度的参与度评价框架。在持续性评价方面,我们关注参与者能否保持长期稳定的运动习惯。通过定期跟踪调查,分析参与者在不同时间段内的运动表现变化,识别影响其持续性的关键因素,如环境支持、社会互动、个人毅力等,并据此提出针对性的干预策略。成效性评价则是运动参与评价的核心环节。我们采用科学的评估工具和方法,如体能测试、技能考核、心理健康量表等,全面评估参与者在运动后的身体素质、技能水平及心理状态等方面的改善情况。同时,注重收集参与者的自我反馈和体验分享,以更加全面、深入地了解运动对其产生的积极影响。

综上所述,运动参与评价方法是一个集量化分析、主观评估与成效检验于一体的综合性体系。它不仅能够准确反映参与者的运动投入度和持续性,还能深入剖析运动对其身心健康的促进作用,为制定更加科学、有效的运动干预方案提供有力支持。

3. 体质健康评价方法

作为衡量个体身心状态的重要工具,体质健康评价方法的科学性与全面性至关重要。这一方法不仅涵盖了生理机能的检测，包括心肺功能、肌肉力量与耐力、柔韧性等指标的评估，还深入到心理层面的考量，如情绪稳定性、抗压能力及心理适应能力的分析。

在生理层面，体质健康评价通过先进的仪器设备和标准化的测试流程，精确测量个体的各项生理指标，如心率、血压、肺活量等，以客观数据反映其心肺功能的强弱；同时，利用力量测试、耐力跑、柔韧性测试等手段，全面评估个体的肌肉力量、耐力和身体柔韧性，为制订个性化的锻炼计划提供科学依据。在心理层面，体质健康评价方法则注重通过问卷调查、心理测试及面谈交流等方式，深入了解个体的心理状态。这包括但不限于对个体情绪稳定性的评估，以判断其在面对压力和挑战时能否保持冷静与理智；对抗压能力的考察，以了解其在逆境中的应对能力和恢复速度；对心理适应能力的分析，以评估其在不同环境和社会角色中的适应性和灵活性。

综上所述，体质健康评价方法是一个多维度、全方位的评估体系，旨在通过科学、客观的手段，全面揭示个体的身心状态，为个体健康管理和疾病预防提供有力支持。目前，体质健康部分，教师根据《国家学生体质健康标准（2014年修订）》中的具体要求，统一组织学生进行测试。

4. 运动技能评价方法

作为衡量运动员技术水平与训练成效的关键环节，排球运动技能评价方法的科学性与全面性至关重要。该方法不仅涵盖了基本技术动作的准确性、力量与速度的评估，还深入考量了大学生在比赛情境下的应变能力、团队协作及战术执行力。具体而言，排球运动技能评价首先着眼于发球、垫球、传球、扣球、拦网等五大基本技术的掌握程度（图5-1～图5-5）。通过量化标准，如发球的成功率、垫球的稳定性、传球的精准度、扣球的威力与效率以及拦网的有效拦阻率，客观评价运动员在技术层面的表现。同时，结合视频分析技术，对运动员的动作细节进行精细化解析，如手臂挥动轨迹、身体协调性等，以发现其潜在的技术缺陷并提供针对性的改进建议。

此外，排球运动技能评价还强调对实战能力的考察。通过观察大学生在模拟比赛或实际比赛中的表现，评估他们在高压环境下的心理素质、决策能力以及与队友配合的默契程度。这包括但不限于对比赛节奏的掌控、战术布置的执行力以及面对突发情况时的快速应变能力。为了确保评价的公正性与全面性，排球运动技能评价方法还融入了多元化的评价主体，包括教师、队友及自我评估等。不同评价主体的视角与经验相互补充，共同构成了一个全面而客观的评价体系。

图 5-1　传球 　　　　　　图 5-2　垫球 　　　　　　图 5-3　扣球

图 5-4　发球 　　　　　　　　　　　图 5-5　拦网

综上所述,排球运动技能评价方法是一个集技术评估、实战能力考察与多元化评价于一体的综合性体系。它不仅关注大学生在技术层面的精进,更重视其在比赛中的实际表现与成长潜力,为大学生的个性化训练与长期发展提供了有力支持。

5. 情意表现与合作交往评价方法

排球课程中,情意表现与合作交往的评价方法是促进学生全面发展不可或缺的一环。这一评价体系旨在深入探索学生在参与排球活动时所展现出的情感态度、意志品质以及团队协作能力,进而为教学提供反馈,促进学生个性与集体精神的共同成长。

在情意表现方面,我们注重观察学生在比赛与练习中的情绪管理、自信心展现及挫折应对能力。通过细致的观察记录,我们评估学生是否能在紧张激烈的比赛中保持冷静,积极面对挑战;是否能在遭遇失败时迅速调整心态,重拾信心;

是否在日常训练中展现出对排球运动的热爱与坚持。对这些情意因素的评价，不仅关乎学生个人的心理成长，更是衡量其排球素养的重要指标。合作交往的评价则聚焦于学生在团队中的沟通协作能力、角色认知与责任感培养。我们鼓励学生在排球场上积极交流，通过默契的配合完成攻防转换；同时，引导学生认识到自己在团队中的独特价值，勇于承担责任，为团队的胜利贡献力量。通过小组讨论、角色扮演等多元化评价方式，我们全面评估学生的合作交往能力，促进其社会适应性的提升。

综上所述，排球课程中的情意表现与合作交往评价方法是一种综合性的评价体系，它涵盖了学生在情感、意志、团队协作等多个维度的表现。这一评价体系的实施，有助于我们更全面地了解学生的发展状况，为教学提供精准的指导，进而推动学生身心健康的全面发展。

第三节 评价内容

评价多元化作为本研究的一项创新，其核心在于《基于标准的体育课程学习评价指南》中所倡导的多维度评价体系。该体系不仅涵盖了体能这一基础层面，还深入到知识与技能、态度与参与、情意与合作等更为丰富的维度。本研究紧密依托《纲要》的指导思想，历经指标初选、精细筛选等一系列严谨环节，最终精准锁定了普通高校排球选项课学习评价的全部内容。

在体质健康评价领域，我们严格参照《国家学生体质健康标准（2014年修订）》，精心挑选了一系列科学合理的评价指标，并据此制定了详尽而客观的评价标准：90分及以上被界定为优秀，代表着学生在该领域内的卓越表现；80～89分为良好，显示了学生较高的体能与健康水平；70～79分为中等，反映了学生体质健康的正常状态；60～69分为及格，表示学生需继续努力；而低于60分则视为不及格，提示学生在该领域存在显著的提升空间。

值得一提的是，本研究在评价方法与主体的设计上同样体现了多元化的理念。针对不同评价内容，我们采用了灵活多样的评价手段，并引入了多元化的评价主体，这一举措不仅确保了评价的全面性与公正性，还极大地激发了学生的参与热情。此外，我们还创新性地设计了多种考试形式，旨在为学生提供更加广阔的展示平台,让他们在参与考试的过程中不仅能够充分展现自己的才能与潜力,还能有效减轻教师在评估过程中的负担,实现了教学相长的良性循环。

第四节 评价指标体系的实证研究

本研究深入剖析了评价主体、内容、方法及指标权重之间的内在联系,并基于多样化的需求考量,精心遴选了具体且有针对性的指标评价标准,进而构建了一套全面而细致的评价体系。该体系囊括了教师评价表、学生自评表以及学生互评表三种核心评价工具。具体而言,教师评价表作为专业视角的反映,由授课教师依据学生的综合表现进行客观评分;学生自评表鼓励学生进行自我反思与评估,促进自我认知的提升;学生互评表则巧妙地引入了同伴评价机制,通过同伴间的相互评分,增强了评价的互动性与全面性。

值得注意的是,本研究所采用的《普通高校排球选项课学习评价表》遵循了李克特五级量表评分法,这一科学的方法将评价等级细化为5、4、3、2、1五个层次,确保了评价的精确性与区分度。为了将这一评分体系更好地融入排球选项课的评价之中,并使之与普通高校排球选项课的学习评价指标体系相衔接,我们特别设定了一个转换机制,即将最终评价表的得分乘以20,从而得出普通高校排球选项课学习评价表的成绩,这一成绩直接反映了学生在该课程中的学习成效与表现水平。

本研究采用整群便利抽样法,精心选取了南京邮电大学的4个班级,共计120名大学生作为本次实验的研究对象。随后,我们将这120名学生分为两个组别进行授课,其中一班与二班合并构成对照组,共计61人;三班与四班构成实验组,共计59人。值得注意的是,无论是对照组还是实验组,其成员均为男性,且经过统计分析,两组学生的年龄差异并未达到统计学意义上的显著性水平。此外,为了确保实验结果的公正性和客观性,我们还特意安排了相同的教学师资为两组学生授课。具体比较结果如表5-2所示。

表5-3显示,实验组大学生对教学效果的满意度显著高于对照组($P<0.01$)。从表5-4可以看出,实验组学生对排球选项课学习评价指标满意的5个方面,由高到低依次为运动技能(93.22%)、情意表现与合作交往(89.83%)、运

动参与(88.14%)、运动知识(83.05%)、体质健康(81.36%)。由此可见,实验组大学生对排球选项课学习评价指标体系持接受态度。

表 5-2 两组大学生排球选项课学习成绩比较

	人数	平时成绩($\bar{x}\pm s$)(分)	考评成绩($\bar{x}\pm s$)(分)	总成绩($\bar{x}\pm s$)(分)
对照组	61	85.31±5.43	82.89±4.94	83.85±4.84
实验组	59	89.95±3.86	87.89±4.56	88.72±3.43
t		5.041	0.911	8.177
P		0.000	0.000	0.000

表 5-3 两组大学生对排球选项课教学效果满意度的比较

组别	人数	满意	一般	不满意
对照组	61	41	15	5
实验组	59	53	6	0

注:两组比较,$Z=-2.719$,$P=0.006$。

表 5-4 实验组学生对排球选项课学习评价指标的满意度($n=59$)

项目	满意	一般	不满意
运动知识	49(83.05%)	9(15.25%)	1(1.69%)
运动技能	55(93.22%)	4(6.78%)	0(0)
体质健康	48(81.36%)	11(18.64%)	0(0)
运动参与	52(88.14%)	6(10.17%)	1(1.69%)
情意表现与合作交往	53(89.83%)	6(10.17%)	0(0)

注:本表中数据因四舍五入存在误差。

经过详尽的数据统计与深入分析,我们新构建的体育学习评价指标体系,在对学生体育课程学习成效的评估上展现出了显著的有效性,这确凿无疑地验证了本研究中评价体系设计的可行性。此体系的实施,使学生们的平均成绩实现了显著提升,尤为令人瞩目的是,中等与良好成绩段的学生群体的成绩更是取得了明显的飞跃。尽管整体成绩等级分布呈现上扬态势,但具体到每位学生的分数变化却各具特色,展现出多样化的进步轨迹。

进一步细致剖析揭示,那些在成绩等级上实现跨越的学生,普遍是原来在身体素质或运动技能方面存在短板的学生群体。通过针对性地优化他们的排球学习态度,增强其运动参与度,并营造积极向上的学习氛围,他们的学业成绩实现了质的飞跃。这一转变不仅直接提升了他们的体育成绩与等级,更深层次地激发了他们对体育学习的兴趣与动力。

值得一提的是，来自教师、学生乃至同伴的反馈均显示，他们对这一创新评价体系的满意度极高，没有负面反馈出现。这不仅是评价体系可行性的有力佐证，更是其内容效度得到全面认可的直接体现。该体系不仅深刻契合了以人为本的教育核心理念，还精准对接了素质教育的发展需求，为普通高校排球选项课的学习评价树立了新的标杆，提供了坚实而有力的支撑。

第五节 新旧评价指标体系的对比

1. 学生成绩差异的对比分析

（1）在探讨运动知识的教学评价时，我们不难发现，针对排球选项课的评价体系中，对运动知识掌握情况的评估显得相对薄弱。以往，教师们多依赖于口头测试或日常观察来评判学生的知识掌握程度，这种方式虽有其灵活性，却难以全面地反映学生的真实水平。通过引入新构建的学习评价指标体系，我们得以更深入地审视学生的表现，发现他们在排球基础知识拓展上的不足。在体能方面，学生群体展现出了较为稳定的发挥，成绩波动较小，这得益于教师在教学过程中对准备活动、风险规避及疲劳放松等流程的强调，使学生对此有了清晰的认识。然而，实际操作中，由于缺乏系统的学习和实践，学生的表现仍会出现偏差。尽管如此，学生的整体表现仍达到了令人满意的水平。在运动损伤处理方面，学生展现出了对常见关节扭伤和肌肉酸痛处理方法的较高掌握度，但在面对肌肉拉伤、肌肉痉挛等复杂情况时，其知识和技能水平尚需提升，这提示我们在未来的教学中需进一步加强相关内容的教授与训练。

（2）运动技能部分，我们欣喜地看到，随着评价体系的更新，等级提升的学生在运动技能成绩上均实现了不同程度的增长，其中2名同学的表现尤为突出。原评价体系中，考评成绩占据主导地位，而新体系则在过程化考核的基础上，将评价内容细化为运动知识、运动技能、体质健康三大维度，运动技能占比调整为38％。这一变化直接导致了两种评价体系下学生成绩的显著差异。在新体系中，学生普遍重视基本技术的掌握，如排球运动的单个动作、团队配合整齐度、与同伴的默契度及成套动作的完成度等，这些指标的成绩波动较小。然而，在动作技能标准、动作串联等方面,学生间的差异则较为明显,这与学生个人的基础、对排球动作的理解与创新能力、应变能力等因素密切相关。

(3) 体能评价方面,新旧体系在总体占比上虽略有差异(原体系 30%,新体系 20%),但新体系显著增强了与排球项目紧密相关的 BMI 和肢体协调性的评估。这一调整使得学生的体能成绩普遍提升,尤其是 BMI 指标在新体系中的高权重值,更是凸显了新体系对学生身体质量指数的重视。结合《国家学生体质健康标准(2014 年修订)》的要求,我们将体能测试纳入评价体系,旨在推动学生积极参与体育锻炼,提升体质健康水平。此举不仅符合国家政策导向,也符合高校体育教学的目标,有助于引导学生树立正确的健康观念,促进身心全面发展。

(4) 运动参与维度的评价在旧体系中主要通过平时成绩来体现,包括出勤和课堂表现两部分。新体系则在此基础上进行了拓展,引入了教师、学生和同伴作为多元评价主体,共同参与评价过程。这一变化使得评价更加客观全面,同时也减轻了教师的负担,使其能够更专注于教学本身。在出勤管理方面,我们严格执行扣分制度,以维护教学秩序;在课堂表现方面,我们注重考察学生的互动能力、自主学习能力、着装规范、活动参与度及学习总结等方面,力求全面地反映学生的真实表现。

(5) 针对原评价体系中情意表现与合作交往方面评价缺失的问题,本研究结合排球项目的特点,创新性地引入了情绪调节、挫折应对、集体荣誉感、人际交往及同伴沟通等评价指标。通过专家打分和层次分析法相结合的方法,我们确定了各指标的权重值,使得整个评价体系更加科学严谨、更具有权威性。这一改进不仅丰富了评价体系的内涵,也为学生提供了更加全面、多维度的评价视角,有助于促进其全面发展。

2. 新旧评价体系的差异性分析

(1) 在原有的评价体系架构中,学生运动技能的考核成绩与课堂出勤率被置于显著位置,这通过两大关键证据得以彰显。首先,原体系明确规定,当学生缺勤次数累积至 5 次及以上时,其体育课程成绩将不予评定,同时,运动技能考核与体质健康测试成绩分别占据总成绩的 60%、30%。其次,新构建的评价体系对成绩构成重新进行划分,考勤部分占比调整至 10%,而运动技能考核与体质健康测试分别占据 60%、30%。在新体系中,总成绩由考评成绩(运动知识占比 11%、运动技能占比 38%、体质健康占比 20%,共计 69%)和平时成绩(运动参与占比 15%、情意表现与合作交往占比 16%,共计 31%)构成。值得注意的是,新体系中的各评价主体及其权重分配依据二级指标而各具特色,其中一级指标下的考评成绩全由教师评定,而平时成绩下的2个二级指标则分别由教师评价、学生自评及学生互评共同评估,各主体在特定评价项目中的占比均衡,如在运动参与评价中,各主体分别占50%、25%、25%,情意表现与合作交往评价亦是如此。此设置与《普通高中体育与健康课程标准(2017年版)》中倡导的"身体素质""知识技能""态度与参与""情感与协作"四维体育教学评价理念高度契合[1][2]。通过对比分析新旧两套评价体系的内容与权重分配,不难发现,新体系在评价内容的广度与深度上均实现了显著拓展。

(2)相较于原评价指标体系,新体系在评价内容与评分细则上展现出了更为精细且更具区分度的特点。以排球选项课实验班为例,原体系中的平时成绩主要聚焦于学生的出勤率与课堂表现,且后者多依赖于教师的主观评判;而新体系则将平时成绩细化为运动参与、情意表现与合作交往两大维度,其中运动参与维度进一步涵盖了出勤率、着装规范、课堂互动、课内外作业完成情况、锻炼时间与频率等多个具体方面,使得评价内容更为全面而具体。此外,新体系在评分细则的制定上更加细致入微,对于考评成绩,新体系将其细分为运动知识、运动技能和体质健康三个部分,体质健康部分直接采用了《国家学生体质健康标准(2014年修订)》的测试指标。在运动技能考核中,新体系不再仅仅关注学生的基本技术动作,而是更加注重对学生运动技能的全面评估,包括技术动作的达标程度、队友间的配合默契度、学习与考试过程中的临场发挥与努力程度等,从而实现了对学生排球技能发展的全方位促进。同时,新体系还加强了对运动知识的教学要求,不仅涵盖了排球技术动作的相关知识,还广泛涉及了排球运动的起源与发展、竞赛组织与裁判规则、科学运动方法、运动损伤的预防与处理、营养与健康等多个领域,全面符合《纲要》的要求。此外,新体系还更加注重情意表现与合作交往等表现性目标的培养与评价,强调评价过程的自我评价与全面性,关注学生在评价中的主体地位与参与感,以激发学生的学习积极性与主动性,促进其身心健康的全面发展与社会适应能力的提升。

综上所述,新评价体系相较于原体系在三个方面实现了显著变化。一是评价内容的扩充与细化,通过将考评成绩与平时成绩进一步细分为5个二级指标并详细阐述其下的37个三级指标,使得评价体系更加科学与可测;二是评价焦点的共同关注与差异呈现,两套体系均聚焦于平时成绩与考评成绩两大方面,但

---

① 丛晨.中国式现代化背景下我国卓越体育教师培养模式研究[D].长春:东北师范大学,2024.
② 赵富学,黄桂昇,李程示英,等."立德树人"视域下体育课程思政建设的学理释析及践行诉求[J].体育学研究,2020,34(5):48-54.

新体系对评价内容的扩充使得运动技能成绩的相对权重有所降低；三是评分细则的独立性与系统性增强，新体系对各级指标的评价标准进行了详细划分并采用了多元化的评价主体，使得评分细则更加独立且系统。

第六节　小结

普通高校排球选项课学习评价指标体系全面科学，注重公正、实用。实践应用于两个班级，围绕评价主体、方法、内容展开。主体多元，含教师评价、学生自评与同伴互评；方法结合定量与定性，确保精准；内容覆盖技能、态度、创新等。设置对比实验，验证新体系合理性，对比新体系与学校现行指标，分析差异与共性。遵循《纲要》，我们构建了多元化评价体系，包含教师评价、学生自评与同伴评价。设计了体育学习评价表系列，清晰反映学生达成评价指标的程度。评价表内容经专家意见整合，科学分配权重，形成综合评价体系。相较传统单一的评价模式，新体系能更全面地捕捉学生的综合表现。在一级指标"考评成绩"中，教师主导评价；在"平时成绩"中，引入三重评价机制，拓宽评价视角，体现多维度要求，支撑学生全面发展。

在深入剖析普通高校排球选项课的学习评价机制之际，我们根据实际情况构建了一套评价指标体系，其可行性与实效性亟须在实际教学环境中经受锤炼与检验。为此，我们精心挑选了与排球学习评价内容高度匹配的评价手段，并审慎而周密地确定了参与评价的主体，力求确保评价过程的全面覆盖与公正无私。为更深刻地洞察新体系在实际应用中的真实面貌，研究采用了访谈法，广泛汇聚了学生与教师对新评价指标体系的真知灼见与宝贵建议，为教学质量的飞跃注入了不竭的动力源泉。同时，新评价体系也赢得了师生的广泛赞誉与高度评价，其在实践中的巨大潜力与实用价值得到了淋漓尽致的展现。在实际应用中，新体系难免会遭遇挑战，这是其发展过程中所不可避免的。因此，我们将保持清醒的头脑与敏锐的洞察力，根据实际情况进行灵活而必要的调整与优化，确保评价体系始终与时俱进，紧贴教学需求。在不懈地实践与探索中，这一评价指标体系将日益完善，更加精准地服务于普通高校排球选项课的教学与评价工作。

第六章

结论与建议

第一节 结 论

（1）在广泛借鉴并深入剖析过往研究成果的基础上，我们系统归纳了当前普通高校排球选项课学习评价所面临的主要问题。现行的评价体系，其针对性尚不足，难以精准覆盖并有效评价各个细分领域。尤为突出的是，在高校教学评价体系中，存在一种明显的倾向，即过分聚焦于"教"的层面，而对"学"的成效评估则显得较为薄弱与片面。这种评价模式往往倾向于迎合外部设定的标准与要求，却在不经意间偏离了教学质量的本质——学生的全面成长与个性化发展。因此，亟须重新审视并优化这一评价体系，以更好地服务于学生的成长需求与高等教育的整体目标。

（2）采用德尔菲法进行了三轮专家问卷咨询，我们构建了较为全面的普通高校排球选项课学习评价指标体系。该体系以2个一级指标为引领，5个二级指标为支柱，37个三级指标为基石，全面覆盖了运动知识（6项）、运动技能（8项）、体质健康（6项）、运动参与（9项）、情意表现与交往合作（8项）五个方面。评价体系不仅全面关注学生的身体素质与基本技能，更深度聚焦于学生的非智力因素，这涵盖了体育学习态度的端正性、意志力的坚韧程度、情绪管理的成熟度、人际交往的和谐度以及团队合作的默契度等多个维度。通过综合考量，可了解大学生在排球学习中的多元表现。

（3）为衡量各指标在普通高校排球选项课学习评价指标体系中的权重，我们运用层次分析法对各指标进行了详尽的计算与验证。结果显示，在一级指标中，考评成绩的权重系数为0.694 2，平时成绩的权重系数为0.305 8。二级指标中，普通高校排球选项课学习评价指标权重系数依次为运动技能（0.384 8）、体质健康（0.196 8）、情意表现与合作交往（0.158 3）、运动参与（0.147 5）、运动知识（0.112 6）。为确保评价内容的全面性与科学性，普通高校排球选项课学习评价指标体系涵盖了运动知识、运动技能、体质健康、运动参与、情意表现与合作交往等多个领域。在评价主体的选择上，我们秉持多元化原则，融合教师评价、学生互评及学生自评等多种方式，力求从多个视角全面审视学生的学习状况。同时，采用定量评价与定性评价相结合的方式，旨在以更加科学、客观的标准衡量学生的学习成果。此评价体系不仅实用性强,而且广泛适用于普通高校排球选项课的教学实践。

(4) 在实证研究中发现,本研究所构建的排球选项课学习评价指标体系与普通高校学生的实际需求紧密相连,展现出了较高的实用价值与适用性。但因评价指标与评价标准受调查对象、范围、时间及条件等多重因素的制约,本研究在样本量方面尚存在一定的局限性。因此,为了进一步提升该评价体系的操作性与应用价值,我们将在未来的实践中持续对其进行优化与完善。

第二节 建议

(1) 体育教师作为教学活动中的核心导航者,其业务技能的精湛程度与职业素养的高低,直接决定了学习评价能否实现科学与公正。鉴于学习评价设计的繁复性与精确性要求,教师们应当持续磨砺自我,以应对评价过程中的种种复杂挑战。因此,强化体育教师的专业培训,全面提升其业务能力与职业素养,是确保体育课程学习评价既科学又合理、实施过程完整的关键举措。为了维护体育学习评价的公平性与客观性,我们必须构建起一套完善的监督机制。这不仅仅局限于评价者与被评价者之间,更应广泛引入其他监督力量,共同参与评价过程,形成多方监督的合力。学校相关部门应设立专门的督查小组,或积极推行评价透明化原则,对学生的学习评价进行全方位、多层次的监督与检查,从而确保评价结果的公正性与准确性。

(2) 针对普通高校排球选项课的学习成绩评价,本研究精心构建了一套评价指标体系,该体系全面覆盖了运动知识、运动技能、体质健康、运动参与、情意表现及合作交往等多个维度,旨在对学生的学习成效进行全方位、多角度的评估。教师在运用此体系时,需敏锐洞察地区、学校及年级间的差异,灵活调整评价内容与标准,以充分发挥其全面性优势,促进教学质量的稳步提升与教学目标的圆满实现。同时,应积极倡导多元评价主体的参与,形成评价合力,共同提升评价的全面性与准确性。学校层面也应积极响应,设立专门的监督机构或推行透明化评价原则,为评价的公正性提供有力保障。

(3) 体育教师作为教学改革的先锋与践行者,其专业素养的提升对于评价体系的完善与实施具有十分重要的意义。教师们应紧跟时代步伐,勇于探索、不断创新,不断优化教学内容与方法,推动评价内容的广泛化、评价方法的多样化以及评价主体的多元化。同时,应深入关注学生的个性化发展需求与动态变化过程,以评价为杠杆激发学生的内在动力与潜能,促进其全面发展。在评价过程中,学生的主观性难以完全避免。为最大限度地发挥学生作为评价主体的积极作用,教师应加强引导与沟通,促进学生与教师、同学之间的有效互动与交流。通过激发学生的学习热情与创造力,培养其主动性与责任感,共同推动评价工作的顺利开展与持续改进。

(4)在广泛查阅相关文献与深入实地调研的基础上,对当前普通高校体育课程学习评价中存在的诸多问题进行了深刻剖析。尽管我们已构建出一套相对科学的普通高校排球选项课学习评价指标体系,并通过实践验证了其可行性与有效性,但受限于外部不可控因素的制约,本研究所能获取的实证样本量相对有限,这可能导致反馈信息存在一定的偏差,难以全面、准确地反映体系的不足之处。展望未来,研究应进一步拓宽视野,从地区、学校、专业等多维度出发,进行更大规模、更深层次的实证探索,以不断完善与修订普通高校学生体育学习评价指标体系,增强其适用性与实践价值。因此,在实际操作中,我们应紧密结合学生的具体状况,灵活调整评价策略,避免机械套用,以确保评价结果的精准与有效。

参考文献

[1] 孙科,杨帆,朱天宇,等.论中国式体育教育现代化[J].成都体育学院学报,2023,49(5):38-46.

[2] 汤攀,许大庆.高校公共体育一体化模式设计与实施策略[J].体育文化导刊,2019(6):70-75.

[3] 刘斌,成双凤.改革开放40年我国中小学体育教材建设的成就、问题与对策[J].课程·教材·教法,2018,38(9):29-35.

[4] 熊文.健康的追求与体育的坚守:学校体育"健康第一"的人文价值参照与审视[J].天津体育学院学报,2020,35(4):373-379+385.

[5] 季浏.我国《普通高中体育与健康课程标准(2017年版)》解读[J].体育科学,2018,38(2):3-20.

[6] 毛振明,张媛媛,叶玲.论运动乐趣在体育课堂中的迷失与回归[J].成都体育学院学报,2019,45(2):33-37+31-32+2.

[7] 胡小清,唐炎,陈昂,等.美国SPEM课程的特征及对我国小学体育教学的启示[J].体育学刊,2017,24(4):78-83.

[8] 张明,袁芳,梁志军.体教融合背景下高校排球课程思政理论与实践研究——女排精神融入排球普修课程的设计[J].北京体育大学学报,2021,44(9):156-165.

[9] 梁城铭,于丽曼.呼唤理性:体育课程与教学理性的缺失及其创设研究[J].南京体育学院学报(社会科学版),2017,31(3):113-117.

[10] 史立峰,洪幼平.大学体育选项课发展前景的影响因素与分析[J].首都体育学院学报,2005(5):104-106.

[11] 朱建国.论体育选项课教学理念与课程的可持续发展[J].山东体育学院学报,2006(1):118-120.

[12] 熊士荣,吴鑫德,肖小明,等.科学探究学习评价体系的研究[J].课程·教材·教法,2006(3):82-86.

[13] 朱叶秋."翻转课堂"中批判性思维培养的PBL模式构建[J].高教探索,2016(1):89-94.

[14] 肖龙,涂艳国.基础教育教学改革的推进现状与逻辑主旨——基于第二届国家级教学成果奖的分析[J].教育理论与实践,2019,39(8):47-50.

[15] 汪晓赞,季浏.中小学体育新课程学习评价[M].上海:华东师范大学出版社,2007.

[16] 于可红,等.体育与健康课程学习评价指标体系研究[M].杭州:浙江大学出版社,2013.

[17] 张洪振,金逸,陈文新.我国高水平竞技健美操运动员体能特征[J].北京体育大学学报,2009,32(12):133-136.

[18] 王琳琳.对排球运动员身体形态选材指标的分析[J].内江科技,2009,30(5):146.

[19] 王姣姣.我国竞技健美操裁判员选派评价指标体系的研究[D].北京:北京体育大学,2015.

[20] 李国庆.从评价到评定:美国基础教育课程评估的转向[J].辽宁教育研究,2006(3):82-85.

[21] MULLENDER-WIJNSMA M J, HARTMAN E, DE GREEFF J W, et al. Improving academic performance of school-age children by physical activity in the classroom: 1-year program evaluation[J]. Journal of School Health, 2015(85): 365-371.

[22] KIRK M F. Using portfolios to enhance student learning & assessment[J]. Journal of Physical Education, Recreation & Dance,1997,68(7):29-33.

[23] 尹志华,孙铭珠,汪晓赞.核心素养视域下发达国家体育课程标准比较与发展趋势分析[J].天津体育学院学报,2020,35(6):626-632.

[24] EVANS J, DAVIES B, PENNEY D. Teachers, teaching and the social construction of gender relations [J]. Sport, Education and Society, 2006,1(2):165-183.

[25] 季浏,尹志华,董翠香.国际体育与健康课程标准解读[M].上海:华东师范大学出版社,2018.

[26] 汪晓赞.我国中小学体育学习评价改革的研究[D].上海:华东师范大学,2005.

[27] 潘华.中德两国中小学体育教学的比较[J].体育学刊,2007(3):73-76.

[28] 屈东华,周艳丽,周珂.中、日、美学生体育学习评价体系的比较研究[J].浙江体育科学,2001(6):53-55+59.

[29] 张德伟.日本中小学教学与评价一体化原则及其对我国的启示[J].外国教育研究,2005(2):29-33.

[30] 杨传彬.吉林省普通高校体育课学生学习成绩评价指标体系的研究[D].长春:东北师范大学,2006.

[31] 王宝刚.国外体育教学评价及其启示[J].教学与管理,2011(30):159-160.

[32] 宋亚芹.高校体育教育专业体操普修课学生学习过程性评价理论构建[D].开封:河南大学,2017.

[33] 周义义,周志雄,吴宝升.我国普通高校体育与健康课程学习评价的研究[J].体育与科学,2009,30(1):80-82.

[34] 杨军,闫建华.我国体育评价的起源与发展[J].体育学刊,2017,24(1):52-57.

[35] 张世义,陈颖.质量文化视角下高校学前教育师资培养质量保障机制建设的挑战及其应对[J].当代教育论坛,2022(5):34-42.

[36] 王海涛,董玉雪,于晓丹,等.教育质量评价标准的价值建构[J].湖南师范大学教育科学

学报,2017,16(1):103-108.
- [37] 李玲.学校体育学习评价的研究[J].教学与管理,2012(12):130-131.
- [38] 于素梅."乐动会"体育课堂教学评价体系研究[J].体育学刊,2018,25(4):87-92.
- [39] 王诚民,姜晓阳,姚大为.高校体育课程学习评价存在的问题及对策[J].教育探索,2009(8):47-48.
- [40] 陈凤英,冯岩,刘威,等.普通高校体育课程学生学习评价的调查研究[J].武汉体育学院学报,2009,43(9):85-88.
- [41] 金涛.教师如何应用技术开展反思?——论思维可视化技术支持下的反思性思维影响因素模型[J].远程教育杂志,2020,38(2):99-112.
- [42] 蒋菠,QUAY J,CUI X,等.中国基础教育体育课程改革新启示——基于澳大利亚创意身体教育课程模式视角[J].北京体育大学学报,2018,41(6):93-99.
- [43] 王慧莉,吕万刚.表现性评价在体育课程思政建设中的应用研究——以体育教育专业体操类专项课程为例[J].体育学刊,2022,29(1):103-110.
- [44] 由文华,张黎.陕西高校体育学习评价现状的调查研究[J].北京体育大学学报,2005(7):950-951.
- [45] 袁圣敏,张吾龙.评价即学习:大数据时代学习评价新模式——以体育教学为例[J].江西社会科学,2018,38(9):240-246.
- [46] 胡曼玲.体育与健康课程实施中体育学习评价功能发挥及评价多元性分析[J].南京体育学院学报(社会科学版),2009,23(6):103-105.
- [47] 安卓炯.对新形势下高校体育学习评价的研究[J].中国成人教育,2008(6):163-164.
- [48] 律海涛.大学生体育选项课学习满意度评价指标体系构建的研究[J].牡丹江大学学报,2011,20(2):162-164+167.
- [49] 张健.新课程标准下体育教学评价的问题与对策研究[J].课程·教材·教法,2015,35(6):98-102.
- [50] 卢潇,胡凡刚,刘永琪.翻转课堂蕴涵的学习理念摭论[J].现代教育技术,2016,26(12):72-78.
- [51] 高升,蒋先军,付银鹰.普通高校体育课程评价方法研究[J].天津体育学院学报,2004(3):90-92.
- [52] 马卉君,马成亮,姚蕾.我国体育与健康课程学业质量评价的学理逻辑与实践路向[J].北京体育大学学报,2023,46(2):107-116.
- [53] 闻兰.普通高校体育课程学习效果评价方法的研究——基于定积分学思想的体育课程成绩评定方法[J].北京体育大学学报,2006(2):234-236.
- [54] 邵莉雅.新时代大学生体育学习评价指标体系构建研究[D].淮北:淮北师范大学,2022.
- [55] 邢书豪.高等体育院校网球专选班学生学习质量评价体系构建[D].成都:成都体育学院,2020.

[56] 张钦枝.高校体育教育专业学生体育素养评价指标体系建构与应用研究[D].南京:南京体育学院,2022.

[57] 何毅,董国永.美国 PEM 体育学习评价体系研究[J].首都体育学院学报,2018,30(6):537-541.

[58] 薛晓东.中小学体育与健康课程多元化体育学习评价的操作性构想[D].南京:南京师范大学,2012.

[59] 史海燕.高校体育与健康课程运动参与学习评价方法研究[J].继续教育研究,2009(5):159-161.

[60] 张庆武,彭小雷,许大胜.普通高校体育课程学习评价的调查研究[J].通化师范学院学报,2016,37(4):97-99+125.

[61] 侯建鹏.普通高校公共体育课程教学质量评价问题与对策研究——以哈尔滨师范大学为个例[D].长春:东北师范大学,2012.

[62] 黄杨.体育教育专业篮球专项学生核心素养评价指标体系构建研究[D].武汉:武汉体育学院,2023.

[63] 潘旭.基于核心素养的大学生羽毛球运动技能学习评价指标体系研究[D].大连:辽宁师范大学,2021.

[64] 高斌,徐明欣,李瑞年,等.普通高校体育教学评价的改革[J].体育学刊,2003(6):77-80.

[65] 张巧语.江苏高校体育教育专业田径专项课程教学评价指标体系研究[D].苏州:苏州大学,2023.

[66] 李晓堃.河南省高校体育教育专业排球普修课考核评价研究[D].新乡:河南师范大学,2017.

[67] 冷赛.青岛市高校排球课程开展现状的调查[D].北京:北京体育大学,2012.

[68] 郭斌.山西省普通高校排球选项课教学现状与对策研究[D].北京:首都体育学院,2018.

[69] 肖百平.北京市普通高校排球课教学中学生自我评价应用现状与影响因素[D].北京:北京体育大学,2007.

[70] 张伟.普通高校排球选项课学习评价模式的设计与实验研究[D].武汉:武汉体育学院,2006.

[71] 任璐璐.长春市高校排球运动课内外一体化教学模式的构建研究[D].长春:长春师范大学,2018.

[72] 朱昆,潘兵,孔令建.普通高校排球选项课评价指标体系的构建与实验研究[J].体育科技,2015,36(4):131-132+137.

[73] 黑乃林.甘肃省高校体育教育专业学生排球运动技能评价体系构建研究[D].兰州:西北师范大学,2021.

[74] 黄彬彬,程思宇,张栗,等.基于德尔菲法和层次分析法的公共卫生人员卫生应急工作胜任力评价指标体系的构建[J].现代预防医学,2024,51(10):1815-1820.

[75] 兰小梦,潘杰,赵莉.健康示范县评价指标体系构建——基于德尔菲和层次分析法[J].中国卫生政策研究,2024,17(6):27-32.

[76] 雷钢.人本主义学习理论对教育技术的新启示[J].中国电化教育,2010(6):30-33.

[77] 朱永新.新教育实验二十年:回顾、总结与展望[J].华东师范大学学报(教育科学版),2021,39(11):1-44.

[78] 李真.运用人本主义学习理论进行教育技术学专业实验教学改革的探索[J].中国成人教育,2009(14):98-99.

[79] 高虹,从均广.论建构主义学习理论对翻转课堂的教学启示[J].中国成人教育,2016(9):114-116.

[80] 傅四保.建构主义学习理论指导下的项目教学法初探——以"教育技术学研究方法"课程教学为例[J].中国大学教学,2011(2):56-58.

[81] 王友涵,胡中锋.多元智力理论回顾与反思——纪念多元智力理论诞生40周年[J].全球教育展望,2024,53(3):3-11.

[82] 卢小青.多元智力理论对教育评价的价值与启示[J].中国成人教育,2017(22):33-36.

[83] 杜建军,张瑞林.青少年体育课堂学习过程理论模型建构研究[J].课程·教材·教法,2017,37(5):46-51+94.

[84] 田磊,史建伟,任立峰.认知主义学习理论与体育基础教材设计关系研究[J].教学与管理,2008(36):120-121.

[85] 王文利,郭婷婷.推进校本课程建设要注重系统性原则[J].中国教育学刊,2021(4):104.

[86] 蒋有贵.论学校管理的社会主义方向性原则[J].辽宁教育学院学报,1992(4):48-50.

[87] 丛晨.中国式现代化背景下我国卓越体育教师培养模式研究[D].长春:东北师范大学,2024.

[88] 赵富学,黄桂昇,李程示英,等."立德树人"视域下体育课程思政建设的学理释析及践行诉求[J].体育学研究,2020,34(5):48-54.

[89] 邱硕立,徐玖平.论学生体育学习评价的"人文化"趋向[J].体育与科学,2000(5):61-64.